UNIVERSITY OF
MICHIGAN

密歇根大学的中国缘

陈育庆 [美] 戴维·沃德◎著
陈春发◎译

中国发展出版社
CHINA DEVELOPMENT PRESS

图书在版编目（CIP）数据

密歇根大学的中国缘 / 陈育庆等著. —北京：中国发展出版社，2022.3（2023.11重印）

ISBN 978-7-5177-1230-5

Ⅰ. ①密… Ⅱ. ①陈… Ⅲ. ①高等教育—国际交流—教育史—中国、美国—近代 Ⅳ. ①G649.295 ②G649.712.9

中国版本图书馆CIP数据核字（2021）第023904号

书　　名：密歇根大学的中国缘
著作责任者：陈育庆　［美］戴维·沃德
责 任 编 辑：钟紫君
出 版 发 行：中国发展出版社
联 系 地 址：北京经济技术开发区荣华中路22号亦城财富中心1号楼8层（100176）
标 准 书 号：ISBN 978-7-5177-1230-5
经　销　者：各地新华书店
印　刷　者：北京博海升彩色印刷有限公司
开　　本：787mm × 1092mm　1/16
印　　张：14.5
字　　数：150千字
版　　次：2022 年 3 月第 1 版
印　　次：2023 年 11 月第 2 次印刷
定　　价：69.00元

联 系 电 话：（010）68990535　68360970
购 书 热 线：（010）68990682　68990686
网 络 订 购：http://zgfzcbs.tmall.com
网 购 电 话：（010）68990639　88333349
本 社 网 址：http://www.develpress.com
电 子 邮 件：10561295@qq.com

序　一

密歇根大学汇聚了众多全球学界精英，并以此誉满天下。自19世纪40年代后期，密歇根大学就开始招收国际学生，1846年雇用了第一位外国教授。在200余年的发展历程中，来自全球各地的学术先锋们为密歇根大学添砖加瓦，他们的成就铸就了她作为一所杰出的研究型公立大学的不朽传说。

密歇根大学与中国的关系是这份精神遗产的重要组成部分。自第三任校长詹姆斯·安杰尔于1880年离开美国赴中国出任外交公使时就缔结起的友好关系，一直延续至今。通过紧密的跨国学术合作、活跃的交换生项目等，密歇根大学支持顶尖学者、重大项目、前沿研究等，比如像李侃如—罗睿弛中国研究中心（The Kenneth G. Lieberthal and Richard H. Rogel Center for Chinese Studies）这样的机构。密歇根大学在这方面的成就一路领先。

《密歇根大学的中国缘》这本书讲述了一系列成就卓越的人物，是他们推动了中美高等教育中最有成效的国际合作。这本书不仅记录了两国外交史上一些最为重要的事件，而且记载了一些高瞻远瞩的人物，是他们推动建立了有利于培养东西方学生和学者的一种联结，洞悉了这种联结的巨大潜力。

密歇根大学具备吸引全球最优秀的教授和学生的能力。我们所有的工作都受益于此。我们尽可能将不同个体从不同角度、不同经历充分挖掘出来使大家受益，当我们的学生和教授来自世界各地，当我们的学生和教授又走向全球，人人都受益匪浅。他们既能体验到不同的文化背景，也能发现人类的共同理想。随着我们与世界各地人们之间的了解不断增多、理解日益加深，我们之间就越能够求同存异，由不同观念导致冲突的可能性也会变得越来越小。

密歇根大学与中国的关系，历时久远而又硕果累累。作为这样一所大学的校长，我备感荣幸。上任伊始，我就远赴中国，有幸见到了共同谱写合作篇章的研究者、学生和校友。

对进一步加强与中国大学及其学生和研究机构的紧密合作，我充满期待。我们有近两个世纪成功合作的先例，我完全相信，密歇根大学与中国已经做好充分准备，能够进一步推进两国人民的互相理解和共同繁荣。

谨以此书作为密歇根大学中国教授协会献给密歇根大学200周年校庆的礼物。

马克·希赛尔（Mark Schlissel）

密歇根大学校长

序　二

本书描写的对象有学生，有老师，也有管理者。他们身上都有一个特点：大无畏的勇敢精神和积极探索的冒险精神。无论国籍是中国还是美国，他们的生活都留下了那个时代重要历史事件的印迹。与此同时，他们都有强烈的愿望推动自己勇往直前、矢志不移。在密歇根大学与中国建立各种联系的同时，还有一场从中国走向西方的运动。很多外交官、传教士把中国文化带回到了英语国家。詹姆斯·勒吉（James Legge）就是一个典型的例子。他是一位苏格兰传教士、汉学家和翻译家。他将中国古典哲学翻译成了英文。1964年，我在密歇根大学任助理教授，讲授中国哲学时，我就让学生查阅了勒吉翻译的著作。此时，密歇根大学中国研究中心已经正式启动，与中国其他方面的联系也在陆续建立。

以中国最早的留美学生为例。他们留美所学的专业在当时的中国还没有建设起来，比如医学、物理学、生物学以及国际法。当时，有两位年轻的中国女性，康成和石美玉，被一位在中国传教的美国传教士收养。1892年，她们在这位传教士的帮助下进入密歇根大学医学院学习。

在当时各种重大历史事件中，美国政府针对中国移民的禁令给她们造成了很大的压力。但是，作为密歇根大学任期最长（38年）的校长，詹姆斯·安杰尔（James B. Angell）正值这样一个时期：一方面，美国给予中国贸易最惠国待遇；另一方面，禁止中国移民（特别是劳工）的声音甚嚣尘上。1880年，美国国务卿要求安杰尔作为美国外交公使赴中国修订中美条约。在赴中国的代表团中，有一位特派员主张彻底禁止中国移民。安杰尔却希望实行开放政策，而这样的立场在1882年他回国的时候依然是主流声音。但是，就在这个时候，美国总统切斯特·阿瑟（Chester A. Arthur）签署了《排华法案》。根据这个法案，无论是否具备劳动技能，中国人一律不能进入美国。幸好有卫理公会的帮助和安杰尔校长的影响，康成和石美玉才得以克服阻碍，顺利进入密歇根大学学习。后来，两位女士都以优异的成绩顺利毕业。在毕业典礼上，她们身着中国传统服装。而《排华法案》直到第二次世界大战时才得以废除。

在外国妇女传教士协会的帮助下，两位密歇根大学的毕业生康成和石美玉，回到中国后，在江西省开办了一家诊所。她们抱有“教育救国”的民族情怀。在外国妇女传教士协会里，她们虽然得到的报酬比其他雇员要少，也不能住在外国传教士的专属居住区，但她们最终在上海创建了一家独立的诊所。1911年辛亥革命之后，中国进入了军阀割据、混战的时期。这就意味着康成和石美玉会面临更多的危险。对此，书中均有详细描述。石美玉做出了无数卓越贡献，其中就包括建立了一套现代的护理教育体系。该教育体系是在江西省九江市推出的，旨在降低婴儿死亡率。

1914年，密歇根大学校友及校董莱维·巴布（Levi Barbour）创设了巴布奖学金。后来有来自中国、印度和土耳其等国约700位女性获得了奖学金，以完成本科和研究生阶段的学习。对这样的机会，许多毕业生无限感慨，也心存感激。她们在安娜堡留下了美好的记忆。其中一位毕业生写道，她每天的时间都被医院里的工作挤满了，非常渴望有一个机会能够回到密歇根大学校园，重新享受一次林中漫步。安娜堡植物园对许多人都产生过那样的影响。密歇根大学法学院毕业生吴经熊参与了《中华民国宪法第一草案》的起草工作，翻译了道家思想名著《道德经》。他既是传统中国法治专家，也是现代国际法专家。他在书中写道："在安娜堡的日子是我人生中最幸福的时光。"

第二次世界大战期间，密歇根大学公共卫生硕士、医学博士罗伯特·布朗（Robert E. Brown）在中缅公路上，为筑路工人治疗天花。本书着笔不多的理查德·爱德华兹（Richard Edwards）（后来成为中国艺术学教授）、罗兹·墨菲（Rhoads Murphey）（后来成为亚洲历史学教授）在云南境内中缅公路东部，开着煤炭驱动的救护车和卡车运送医疗物资。

密歇根大学毕业生回到中国以后的命运，与那个时代息息相关。1937年毕业于密歇根大学的何怡贞博士，参加了北京中国科学院金属研究所的工作。在1966—1976年"文化大革命"期间，老师和学生纷纷被遣送到农村与农民一起劳动，接受再教育。何怡贞离开了科学院，接受了劳动改造。中国开始原子弹武器研发项目之后，曾获得1941年巴布奖学金的王承书就被安排到戈壁滩上一个核研究所工作。这样的安排虽使王承书在与世隔绝的地方工作，但也让她免受了何怡贞所遭受的命运。在这期间，一位毕业于密歇根大学的鸟类专家则被迫住在牛棚里。

1972年，随着中美关系解冻转暖，密歇根大学教授亚历山大·埃科斯坦（Alexander Eckstein）和由他协助建立起来的非政府组织——中美关系国家委员会，继续向前迈进了一步：推动乒乓球外交。1972年4月的一个上午，在密歇根大学联盟的顶楼舞厅里，我观看了美国乒乓球队与中国乒乓球队进行的一场非常愉快的球艺切磋。

从此，中美关系展开了新的篇章，而出现这样良好的局面，密歇根大学功不可没。

唐纳德·J·蒙罗（Donald J. Munro 孟旦）

密歇根大学哲学与中文终身教授

序 三

《密歇根大学的中国缘》即将公开出版，能够受邀写几句话，是我莫大的荣幸。

密歇根大学是美国历史最为悠久的公立研究型大学之一，也是世界上最负盛名的高水平大学和无数青年学子向往的学术殿堂之一。在其超过200年的历史中，培养了一大批优秀人才，对人类社会的进步与发展做出了卓越贡献。密歇根大学也是美国为数不多的几个培养华人精英的摇篮之一，许多如雷贯耳的人物，如吴大猷、朱光亚、黄家驷、丁肇中、任新民，都曾经在这里学习和工作过。《密歇根大学的中国缘》通过介绍不同时期有代表性的一些人物和事件，生动细致地刻画了密歇根大学与中国的关系。阅读此书，就好像穿越时空一样，把我们带回到了以往的时间和地点，去品味那个年代的人和事。

密歇根大学不仅是高水平人才的摇篮，在中美关系发展史上也做出了重大贡献。1979年，中美两国正式建交，时至今日刚好42年。古人云："知史以明鉴，查古以至今。"回顾中美之间的关系，虽然也曾有20世纪50年代参议员约塞夫·麦卡锡煽动的担心共产主义渗透的“红色恐慌”，但中美之间合作、交流的“正能量”从未缺席。20世纪70年代初，正是包括密歇根大学在内的美国大学中一些富有远见的学者向尼克松总统建言献策，推动了美国政府调整对华政策，打开了中美建交的大门，“乒乓外交”也成了中美外交史上的经典佳话。1978年中美发表建交公报10天后，中国首批52名公派留学生抵达纽约，从此掀起了中国有史以来最大规模的留学潮。改革开放以来，中国各类出国留学人员累计已达350万人，其中留学美国的超过150万人。2017—2018学年，中国分别有超过13万名研究生和14.8万名本科生在美国学习。

当前，中美关系正处于一个相对比较困难的时期。美国在《国家安全报告》中将中国视为战略竞争对手，为中美关系带来了不确定因素；打打谈谈或许将成为中美之间经贸关系的常态；在教育、科技、人文等方面也出现了一些新情况。但是，我们很高兴地看到，密歇根大学、耶鲁大学、芝加哥大学、斯坦福大学、麻省理工学院等学校的校长，都公开声明，谴责美国政府和情报界对华人学者学生的不公平对待，拒绝所有形式的偏见和歧视。展望未来，中美两国的有识之士都应该清醒地认识到，无论是过去、现在还是将来，中美两国“合则两利、斗则俱伤”的基本属性不会改变。希望我们共同努力，积极推动中美关系“行稳致远”。

本书的书名为《密歇根大学的中国缘》，我和我的家庭与密歇根大学也有不解之缘。2002—2003年，我作为富布莱特（Fulbright）教授，在密歇根大学学习和工作了一年，这里留存了我们最美好的时光。在这里，我比较系统全面地观察和研究了美国的风险投资是如何支持创新的；认识了许多美国朋友和在美国的中国朋友，迄今还和不少人保持着联系；安娜堡小镇的美丽与变化、恬静和活力、传统与现代、冬天的白色与秋天的彩色都给我留下了深刻的印象。更让我高兴的是，15年后我的儿子也有机会再次回到这里，进入密歇根大学医学院读书。无论如何，密歇根大学和安娜堡都会成为我们永久的记忆。

最后，借此机会祝贺《密歇根大学的中国缘》的出版，感谢陈育庆教授多年来在促进中美友好合作与共同发展中发挥的积极作用。从这个意义上讲，本书必将会成为中美关系新的“正能量”。

赵昌文
中山大学吴小兰讲席教授
中国国际发展知识中心原主任

前言

密歇根大学穿越了悠久的历史长河，也跨越了区域和国界。这样的发展之路，一直带领着美国公众接触和了解不同的国家及其文化。在这一进程中，没有一个国家像中国一样，能在中美文化的碰撞和融合中，激荡起如此绚丽的浪花。密歇根大学与中国的关系可以追溯一个半世纪，一直到密歇根大学安娜堡校区建设的初期，亦即清朝末年。

那是东西方文明发生激烈碰撞的时代。在中国，鸦片战争给中国人带来了屈辱，其后的不平等条约给中国人带来了沉重的负担。所以，中国人对西方人充满不信任，认为其一切行为都有帝国主义倾向；在美国，大战后的经济困境导致了美国人对中国移民的不满甚嚣尘上。然而，此时的密歇根大学却与中国建立了一个与当时双方的公众情绪背道而驰的联盟。19世纪后半叶，人们见证了密歇根大学与中国建立起伙伴关系，用教育和公益事业替代了紧张和不信任，增进了两国人民之间的交往和了解。这些事件与人物包括了密歇根大学首批毕业生贾德森·柯林斯（Judson Collins），在中国福州做传教士；詹姆斯·安杰尔（James Angell），密歇根大学任期最长的校长、美国首任驻中国公使，在反对中国移民争论中发出一个理性的声音；康成和石美玉，到密歇根大学学习的第一批中国留学生。

从20世纪初开始，这种合作伙伴关系就延续下来了。在密歇根大学校长安杰尔的倡导下和斡旋下，密歇根大学的中国留学生人数大幅增加。而专门针对东方女性的巴布奖学金也由密歇根大学校董会成员莱维·巴布（Levi Barbour）于1917年设立，这意味着中国女性在密歇根大学接受高等教育有了一条崭新的、主要的途径。在那个年代里，像丁懋英、吴经熊（约翰 C. H.）、吴大猷等人的卓越成就，均彰显了在密歇根大学接受教育的重要意义。丁懋英从医学院一毕业就到天津医院任院长一职；吴经熊以他密歇根大学法学博士学位的背景，起草了中华民国第一部宪法；吴大猷则对中国的物理学研究做出了巨大贡献。

“二战”期间，密歇根大学与中国站在一起。密歇根大学毕业生罗伯特·布朗（Robert Brown）和汤姆·哈蒙（Tom Harmon）在中国分别担任医生和飞行员，直接参与了伤员抢救和飞虎队的一线战斗。巴布学者吴贻芳成为中国第二位女性大学校长，任职期间恰逢金陵女子大学最困难的岁月。尽管中美关系在朝鲜战争中降到了冰点，但毕业于密歇根大学的中国留学生们，在新中国的建设中起到了至关重要的作用。在中国核武器从无到有的发展过程中，朱光亚担任总指挥，发挥了重要作用；曾呈奎开创了海洋植物学学科，他的海藻养殖技术使得成千上万的人免受饥饿；而黄家驷则进入了中国新医疗机构的核心领导层。

当两国关系初露解冻端倪之时，密歇根大学又不失时机地积极策划，举办了具有里程碑意义的中国乒乓球队访美活动。这就是史称“乒乓外交”的融冰之旅，用小球推动了大球。

进入21世纪，密歇根大学与中国已经结下了深厚的友谊。教育机构和院校的学术交往日益频繁，其中包括北京大学、清华大学、复旦大学以及上海交通大学等。到密歇根大学留学的中国留学生人数日益增加，数量超过许多国家留学生的人数。今天，密歇根大学各院系与中国教育的合作空前密切，从奖学金项目、游学计划、合作研究，到联合学位课程和联合研究所等合作形式，如雨后春笋般层出不穷。密歇根大学一贯坚持独立自主的办学方针，避免落入政治漩涡或者公众情绪中。友谊与合作的成果是有目共睹的。

密歇根大学与中国之间的友谊与合作，离不开那些卓越的人士。这本书介绍了很多有趣的人，诸如代表中国在《联合国宪章》上签字的女大学校长、第一位拥有物理学博士学位的女性等。不仅如此，从密歇根大学还走出了不少能称之为学科“之父”的科学家。尽管这些领导和学者已被分别写入不同版本的中英文文章或书籍，但他们的故事还从来没有像这本书一样如此集中，与密歇根大学如此紧密地连接在一起。将一本从整体上叙述密歇根大学和中国学生留学史话的书呈献给读者，不仅是对那段历史的回顾，更是推动两者友好关系发展并将其发扬光大的未来需求。

综上所述，无论是对中国，还是对密歇根大学而言，这些历史都是一笔宝贵的财富。当然，这本书告诉我们的仅仅是冰山一角，它尚未包括数百名巴布学者，而且密歇根大学还有很多学院与中国之间的历史尚未被触及。比如20世纪20年代在天津北洋大学任教的密歇根大学工学院教授哈里·布沙尔（Harry Bouchard），中国宇航学会首任会长、“航天泰斗”任新民教授（1946年获密歇根工学院硕士学位，1949年获博士学位），中国心脏病学奠基人、1931年出任北京协和医院心脏内科主任的董承琅教授（1924年获密歇根医学院博士学位），以及福特公共政策学院受益于20世纪初中国学生的涌入。不仅如此，最近几年中，密歇根大学还有许多美国学生和教师在中国学习、工作和交流。

自20世纪70年代至今的40多年里，密歇根大学的中国留学生不计其数。他们的故事，以及密歇根大学与中国关系持续发展的故事，为将来撰写专著提供了丰富而生动的题材。我们希望能够将这些感人的故事世世代代传颂下去。

目 录

第一章

19世纪：密歇根大学与中国的早期联系

密歇根大学与中国的联系几乎可以追溯到建校之初。密歇根大学的毕业生们以传教士或自然科学家的身份到中国建立起了这种联系。但最重要且具有政治意义的关系，则是由密歇根大学校长詹姆斯·安杰尔所促成的。他时任驻中国的外交公使，为建立密歇根大学和中国之间长达一个多世纪的密切关系铺平了道路。

密歇根大学与中国友谊的先驱：柯林斯与斯蒂尔

1841年秋天，也就是英国与清朝之间第一次鸦片战争结束的前一年，密歇根大学在安娜堡正式开始了第一堂课。6名大学新生入读安娜堡校区，随后入住在一栋“主楼”里。那个时候的生活非常简朴：学生每天起得很早，铃声5点钟就叫醒他们，接下来就是必须去教堂参加礼拜。每学期他们需要支付1.5美元的柴火钱。他们得亲自到木场附近去砍柴，并连同洗漱用水一同拖回住处。每间卧室有一张书桌、两把椅子、一个炉子和一个木衣柜。（Peckham 第22页）[①]

① 指信息来自本章结尾处参考文献：豪尔德·贝克曼.《密歇根大学的历史：1817-1967》. 安娜堡：密歇根大学出版社，1967年：第22页。本书后同。

学生们各自清理各自的房间，将炉子里的炉灰清扫出来，堆放在走廊里由清洁工收走。大家都称这位清洁工为“炉灰教授”。随着学生人数的增加，校园生活也丰富多彩起来。尽管受当时生活条件的限制和宗教的影响（除了每日宗教课，学生还必须参加周日镇上的教堂礼拜），但学生们仍然组织了“文学社”，同老师或同学之间搞些恶作剧，如在大街中央点燃篝火，在教堂里堆放干草或到教师专属花园里去摘些水果。（Peckham 第25页）

在密歇根大学毕业的首届学生中，有一名叫贾德森·柯林斯（Judson Collins）的年轻人。在安娜堡校区复兴时期，14岁的柯林斯就加入了卫理公会，并自然地融入到早期大学这种宗教环境中。

贾德森·柯林斯
（本图片来自密歇根大学本特利历史图书馆档案）

实际上，他是在完成学校布置给他的一篇论文时开始思考传教工作的。出于偶然，柯林斯选了亨利·马丁作为研究对象。马丁去了印度传教，但英年早逝。柯林斯后来的人生道路与其极其相似。柯林斯于1845年大学毕业之际如是写道：

今天就要和很多老同学道别了，也许今生今世再也没有重逢的机会了，这令我十分难过。未来的路不可能有大学四年的美好环境。大学生活永远结束了。我要去面对世界了。我必将依照神的旨意去好好履行我的职责。（Eva 第7页）

不管是不是神的指引，在毕业后的头几年里，柯林斯在阿尔比恩学院任教，讲授从植物学、修辞学到希腊语等多门课程。他非但没有摒弃在密歇根大学养成的严格的作息习惯，反而，更加严苛地约束自己的生活：他每天清晨三四点起床，开始学习，投入工作或备课。（Eva 第8页）他在日记中记下自己的决心：要少吃肉并吃得尽量节俭，用更多的时间去祈祷，也可以花更多的时间去准备第二天的工作。由于柯林斯的性格和对禁欲生活的选择，毫无意外的是，即便是在当老师期间，他也一直以传教士的标准要求自己。他向卫理公会的教会委员会递交了一份申请，并致函当地主教，请求到中国——这个曾在大学时期就吸引了他的国度传教。是什么激起了他的兴趣？无人知晓。但据一位同学回忆，柯林斯“找遍了大学和镇上每个图书馆，去查阅有关中国从古至今的所有书籍”（Howe）。尽管柯林斯满腔热情，但主教对他的诉求却给了一个敷衍而又令人失望的回复：“目前没有在中国的传教任务，也没有经费去开展这样的工作。”教会委员会的答复也没有好到哪里去：“我们还没有到中国传教。当上帝需要我们前往中国时，他会指引我们的。”（Eva 第8页）

然而，柯林斯却没有放弃。正如一个多世纪后卫理公会所记载的，柯林斯如是回应教会委员会："给我在桅杆前留一席之地，我强壮的臂膀将带我到中国并支撑我。"（Eva 第8页）他坚持努力，几个月以后终于找到了去中国的机会，那是由卫斯理大学发起的传教活动。一位朋友详细描述了他收到任命书时的情形：

> 当他听说任命书到达时，我正与他一起在一个偏远的村子里。天黑路远，他顾不得"带上一片面包"，就迫不及待地出发去取任命书，奔波一夜仅仅是为了在第二天天亮前，拿到任命书。（Hinman 第83页）

1847年4月，大学毕业短短两年后，贾德森·柯林斯终于启程前往中国东南的福州市。柯林斯在一封信中描述他在纽约登上轮船那一刻的情景："穿过挤满了报童、小贩、搬运工及车夫等人群的嘈杂的过道，我发现自己终于安全登船后，才有时间明白过来，我的双脚将可能永远离开我的家乡了。"与他同行的另外两个人是一名医生及其妻子，"三个人站在船的栏杆边，唱起大学时代的歌以抒发情怀"。（Baker 第37页）

结束4个月的航行后，柯林斯及其同伴抵达中国南方的福建省。1847年8月，在福州这样一个亚热带城市，气候炎热而潮湿。这是一个百万人口的城市，其中半数住在城里，另一半则在郊外。作为卫理公会首批来到中国传教的柯林斯及其同伴，他们很快就幸运地找到住处。一名英国船长以每月9美元的价格将房子租给了他们。位于闽江中部的一座小岛上的房子，可"眺望两座坚固而精致的拱桥，将闽江南北两岸的景色尽收眼底”（Baker 第40页）。在那里，柯林斯开始了早期的传教工作。他给当地充满好奇的城市居民分发宗教传单，而他们很多人拿走了宣传单，是为了在空白处写东西或记账。不到一年的时间，柯林斯和一位中国老师一起成立了一所儿童学校。有8个男孩子入学，他们每天有一半的时间学习语文，另一半时间则用于学习基督教读物。（Baker 第51页）

柯林斯在福州的任期并不长。由于旅途艰辛、卫生环境恶劣，以及融入陌生文化所带来的巨大压力，柯林斯染上了一种莫名其妙的疾病。在中国生活了几年后，柯林斯长途跋涉又回到了家乡。29岁那年，他在密歇根父母的家中离世。

1932年，约瑟夫·比尔·斯蒂尔90岁生日
（本图片来自密歇根大学本特利历史图书馆校友会档案）

第二位，也是由于来到中国而为人所知的密歇根大学早期毕业生约瑟夫·比尔·斯蒂尔（Joseph Beal Steere）。1868年，他于文学学院获得学士学位，两年后获得密歇根大学法学院硕士学位。而在1870年毕业后，斯蒂尔立即决定舍弃他所修的文学和法律专业，因为他接受

了一项任务，代表蓬勃发展的大学博物馆，用一年的时间前往世界各地收集标本。和20多年前的贾德森·柯林斯一样，斯蒂尔也是从纽约出发的。而与柯林斯不同的是，斯蒂尔是一个人，因为本打算与斯蒂尔同行的那个人在最后一刻放弃了。据说，当看到搭载他们两人前往南美洲的是一艘格罗斯特小帆船时，斯蒂尔的同伴说："小船的水位很低，靠在码头显得更小。乔，我无法承受这些。我要回家。"（《约瑟夫·比尔·斯蒂尔传》第1页）

一路上迎狂风、斗巨浪，小船一度被"带到了南美洲和非洲中间的海域了"。经过千辛万苦，小船终于抵达巴西。斯蒂尔在帕拉和马兰霍收集了动植物标本，探索了亚马孙河（Amazon），还在

约瑟夫·比尔·斯蒂尔（中）带领密歇根大学学生一行前往菲律宾

（本图片来自密歇根大学本特利历史图书馆约瑟夫·比尔·斯蒂尔档案）

马拉约岛发掘了古墓。巴西之行途中，斯蒂尔与另一个来自美国的年轻人相识，于是两人决定一起探险。可斯蒂尔的不走运和孤独再次降临：几周后，在他们准备重新结伴同行时，斯蒂尔获悉原本可以与其同行的人已经死于黄热病。“斯蒂尔完全独自一人走完余下的行程。”（《约瑟夫·比尔·斯蒂尔传》第2页）

约瑟夫·比尔·斯蒂尔（右）与L. J. 杨
（本图片来自密歇根大学本特利历史图书馆校友会档案）

面对孤独，斯蒂尔依然不屈不挠。他从巴西到秘鲁，再到安第斯山脉，再到菲律宾及中国。到亚洲后，他在中国台湾停留了很长时间。在那里，他结识了当地的少数民族，并搜集了植物标本。

斯蒂尔的考察历时将近5年。1875年回国后，他被授予动物学荣誉博士学位，并将大约6万种动植物标本、考古文物及民族文物捐赠给密歇根大学。这么大规模的标本及文物，促使密歇根大学为博物馆继续投入资金。不久以后，博物馆就有了单独的大楼来储藏这些标本及文物。

柯林斯和斯蒂尔都代表了密歇根大学对中国的兴趣。人们认为，他们是勇敢而又有理想的学生，也是其各自领域的开拓者。他们的探索也表明了早期密歇根大学希望跨越分界线抵达中国的尝试。只是从詹姆斯·安杰尔（James B. Angell）开始，密歇根大学与中国才有了更为密切的联系。

詹姆斯·安杰尔的大学校长任期与外交生涯

1871年，安杰尔任校长时，密歇根大学与30年前贾德森·柯林斯所熟知的学校已经不可同日而语了。学生人数由6个上升至了1100多个。在校董会敦促下，学校开始接收女生入学。体育课已成为学习中重要的一部分，老师们鼓励学生参加校内足球和棒球比赛，以释放学生富余的能量并减少捣乱行为。

安杰尔刚到密歇根大学时还较为年轻。42岁时，他已经担任过布朗大学当代语言教授、《普罗维登斯公报》编辑，并任佛蒙特州大学校长多年。显然是校董会花了不少力气说服安杰尔从佛蒙特州大学离职：最终他们付给他明显高于前任校长的薪水，并按约定为其在校长住所配备浴室。这在安娜堡校区算是史无前例的。

到密歇根大学赴任后，他发现处境并不理想。一方面，教师们

詹姆斯·安杰尔，1879年

（本图片来自密歇根大学本特利历史图书馆詹姆斯B. 安杰尔档案）

拿着极低而毫无竞争力的工资；另一方面，每个班的学生人数过多，而这些学生在早上的礼拜课上变得越来越不守规矩，毫无虔诚之意。对于第二种情况，安杰尔的处理方式是由他亲自上早礼拜课，并“只用了三天就让学生变得专心和充满虔诚”。但是，安杰尔任校长几年后，一件富有争议的事令学校荣誉扫地。一个化学实验室的资金账目出了问题。此事被发现后，副教授普雷斯顿·罗斯被其上级指控贪污而被捕。这件事很快就闹得满城风雨。《安娜堡信使》的作者赖斯·比尔则介入为罗斯辩护。凑巧的是，比尔曾资助过约瑟夫·斯蒂尔前往世界各地考察，他也“说服了校董会买下比尔·斯蒂尔标本的一半作为大学博物馆藏品，作为他们对罗斯的索赔”，而另一半标本则赠送给大学。（Peckham 第75页）安杰尔在密歇根大学头几年的工作一团乱麻，最后，还是斯蒂尔的标本帮了他的大忙，结束了这种状态。

所幸的是，随着初履新职的艰难处境日渐远去，安杰尔也开始了事业的崭新阶段，迎来了他人生中最引以为荣、最开心快乐的一段时光。1880年2月，正当化学实验室引起的麻烦逐渐淡出人们的记忆时，安杰尔突然收到了时任美国国务卿威廉·埃瓦茨的一封信。在信中，埃瓦茨请求安杰尔的协助，希望他帮助“尽可能地修订好我们与中国的条约，尤其要遏制威胁到美国利益的移民潮”。（Angell 第129页）

19世纪末20世纪初，移民问题是美国激烈辩论的焦点。1868年的《伯林格堡条约》将中国定为“最惠国”，以保证两国平等贸易的地位。但朝着友好关系迈出的这一步其实是徒有其表。在淘金热时期，中国移民大量涌入美国，再加上美国内战后的经济衰退，引发了一场挑战美国核心价值观的冲突。白人至上的思想却穿上了一层经济担忧的外衣：中国移民被指责为低工资入侵，并被指控“窃取”了低收入的工作机会。一时间，反华组织声浪迭起，尤以1876年4月在加利福尼亚州成立的“白人至上”组织为甚。这个组织的主要目的就是要将华人赶出美国。很快，该组织就在全国成立了64个分支机构，称为“营”，其成员达到5000人之多。1878年，要不是海斯总统否决了法案，国会就会通过排华的立法。

这就是安杰尔收到埃瓦茨国务卿来信时的政治背景。就他个人来说，赌注很大：这个任命意味着他得举家移居中国，还要中途放弃校长的职位。当他向校董会提交辞呈时，他们“感到震惊”，但同时又觉得“不能错过这项荣耀的使命，因为在此之前，只有康奈尔大学的校长曾被选为重要的外国公使”。（Smith 第119页）在得到校董会的同意和祝福之后，安杰尔前往华盛顿，与埃瓦茨国务卿、海斯总统会面。但是，正如安杰尔在自传中所写的那样，海斯似乎非常关注限制中国移民这件事情的重要性。这让安杰尔本人对整个项目感到怀疑。不久，他在给埃瓦茨的信中写道：

> 兴师动众反对劳工移民，彻头彻尾与我们所有的国家传统背道而驰，并且会遭到我们国家中即便不是大多数，也会是大量智慧、高尚的公民的谴责。我必须承认，我并不赞成这种方案，除非有人能更清楚地论证我付诸这一行动的必要性。如果代表团必须执行这项任务，我愿提议另请高明。（Smith 第120页）

针对反移民运动的经济投诉，安杰尔也表明了自己的质疑。在与加州工会代表的谈话中，该代表极力为排华辩解，认为这样才能保护美国本土的技工。安杰尔写道："我问他是否可以说出一位由于雇用中国人而导致失业的技工，他承认自己也说不出。"（Angell 第133页）

最后，埃瓦茨国务卿向安杰尔保证，他的疑虑是多余的，因为美国政府的意愿与他的立场是一致的。换句话说，安杰尔可以灵活处理达成条约，具体问题具体分析，而不是不分青红皂白地限制中国移民。顾虑消除后，安杰尔旋即被任命为全权公使，兼任"中美条约修订代表团团长"，同时威廉·斯威夫特（William Swift）和威廉·特雷斯科（William Trescot）被任命为他的助手，全面协助他的工作。

1880年6月，也就是在收到埃瓦茨国务卿信后的第四个月，安杰尔及其家人（妻子、女儿和最小的儿子）便开始了前往中国的长途跋涉。他们从密歇根州出发，到达旧金山，然后乘船到日本，最后在夏末抵达北京。从火车到轮船，数月的旅程波澜不惊，除了最后的一场意外：从天津到北京时，一家人随着旅客乘坐小船经运河北上，没想到途中安杰尔和女儿黛西双双坠入运河。如何落水的细节并没有被记录下来。这样的意外让现代读者听起来似乎有点滑稽，但在19世纪末期落入一条看起来污浊不堪的河流，其可能产生的严重后果是会令人不寒而栗的。据传，当时曾有一名海船船长坠河并呛入了一些河水，很快就死于霍乱了。（Smith 第130页）安杰尔和女儿很幸运，除了给他人留下了一个笑谈，他们毫发无损。

安杰尔在办公室工作

（本图片来自密歇根大学本特利历史图书馆詹姆斯 B. 安杰尔档案）

一行人抵达北京之后，安杰尔立马着手开始谈判了。当时中国的外交大臣恭亲王会见了安杰尔，并为他介绍了即将参与谈判的中国官员们。与此同时，安杰尔即与另外两名美国官员私下会晤，商议拟定新起草条约的具体条款。不过，前期的几次商议并不顺利，双方“意见分歧很大”。其中，加利福尼亚人威廉·斯威夫特认为“我们应该要求绝对禁止劳工移民。而特雷斯科先生则和我的意见不一致，认为我们应该只是达成一种规定，让我们有权力来规范，而不是绝对禁止移民”。安杰尔得到了特雷斯科的支持，而且作为代表团团长，他有最后的决定权。但是，斯威夫特仍然要求更高权力的介入，“我们应该打电报给埃瓦茨国务卿先生，提出自己（斯威夫特）的观点。我们拒绝了他这个要求。虽然斯威夫特先生表面上屈服了，但心里有些情绪”。（Angell第142页）

尽管美国代表团受到恭亲王的热情款待，他们也感受到了北京的殷勤好客，但两国的谈判一开始就跌宕起伏。根据安杰尔的记录，从每部条约的第一项条款开始，“我们就与中国官员分歧很大，以至于斯威夫特表示，中国代表团压根就没想着达成条约，本来总是很乐观的特雷斯科也认为谈判没有必要再继续进行了”。幸好安杰尔“感受到了中国官员非常认真的态度，于是他提出要有耐心”。（Angell 第143页）在谈判桌前，安杰尔拿出了曾经用来对付密歇根大学刁蛮学生和难缠的董事会的策略和领导才华。他建议先放下第一项条款，重点关注最后一项条款，并建立一些共识。在消除了一些误解之后，大家进入了一种接受对方的心态，然后继续解决更棘手的议题。

11月17日，也就是在谈判进行第48天之时，双方签署了《安杰尔条约》。面对美国代表团达成条约的速度和结果，欧洲的部长们无不感到惊讶。（Angell 第146页）德国部长花了整整两年的时间才完成了类似的工作，他曾向安杰尔明确地表示“绝不要指望一年就完成谈判”。（Angell 第147页）是什么原因促成了他们如此快速地达成了协议？答案很难说。也许是安杰尔和中国官员们高超的外交技巧，也许是两国存在着互赢互利的关系，也可能如安杰尔所提到的，他的密友、英国外交官罗伯特·哈特爵士对中方施加了影响。任务完成后，斯威夫特和特雷斯科先后离开了安杰尔，回到了美国。安杰尔的职务从代表团团长转成了外交公使。

条约签订之后，作为公使，安杰尔职责上的压力大大缓解。他接受美国公民和传教士的请求，代表他们的利益与清政府进行沟通。而安杰尔的任务比想象的更加轻松。安杰尔在自传中写道，美国传教士“很少需要向我请求帮助，而英国传教士却常常需要罗伯特·哈特爵士的帮助。罗伯特·哈特爵士还曾开玩笑，问我要不要和他交换彼此国家的传教士”。（Angell 第163页）此外，安杰尔还与美国政府保持着密切的联系。有一次，国务卿给安杰尔发来了一个“紧急的文件”。文件中写道，有消息称，中国政府正计划占据夏威夷群岛。安杰尔回道：“要使中方大臣们理解我提出这个问题时葫芦里卖的是什么药，并非易事。果然，当他们真正明白以后，中国官员们一阵狂笑，并幽默地恳请我务必转告部长大人，当他们果真制定这样的计划时，一定会给美国政府及时通报。”（Angell 第149页）

当安杰尔在中国的任期届满时，他为自己所做的工作和结识的朋友感到满意和自豪。无论是对在密歇根大学留学的中国学生，还是对在中国的美国留学生来说，这种体验想必都感同身受。安杰尔曾写道：“在我们这个时代，虽然北京的生活似乎远在天涯，但友谊却近在咫尺。分别的时候要到了，我们备感情深义重。”（Angell 第159页）

1882年2月，也就是恰好在收到时任美国国务卿威廉·埃瓦茨先生协助请求信件的整两年后，安杰尔回到了安娜堡，同时又恢复了密歇根大学校长的任职。在中国任职的时间，是安杰尔人生的巅峰。正如他的传记作家所写的：“毫无疑问，他总是认为，在中国，他度过了职业生涯的光辉岁月。”（Smith 第119页）

安杰尔流芳百世的精神遗产

詹姆斯·安杰尔担任校长以来，一直享有很高的声誉。他带领大学走过了近40年的变迁。在学生心目中，安杰尔校长既温和善良，又果断强硬。在职业生涯早期，有6位学生欺辱他人，安杰尔勒令他们休学。之后有81位学生为这6人辩护，直言该事件他们负有一样的责任。安杰尔顺水推舟，又勒令这81人休学。令安杰尔感到自

安杰尔（中）与家人在校长府邸外合影
（本图片来自密歇根大学本特利历史图书馆詹姆斯·安杰尔档案）

豪的是，他总能够清楚地记得所有学生的名字。每学期除了行政职务，安杰尔都始终坚持为一个班执教国际法课程。当布朗大学校长向安杰尔请教做大学校长的成功秘诀时，安杰尔直言相赠道："头上要插一根天线，而不是长角。"（Smith 第356页）

安杰尔在密歇根大学任职长达38年，是该校任期最长的校长。他两次试图退休，但由于他备受爱戴，董事会拒绝了他的辞呈，直到安杰尔80岁时，他们才不得不同意他退休。即使他在密歇根大学已不再有办公室，董事会还是让他在校园里的校长府邸度过了晚年时光。

比起在密歇根大学任职所留下的精神遗产，安杰尔作为驻华公使的影响就有些复杂了。在回到安娜堡3个月之后，时任美国总统阿瑟（Chester A. Arthur）决定签署《排华法案》，以取代《安杰尔条约》。安杰尔对此事一直持怀疑态度。这是美国历史上最可耻的立法之一：《排华法案》是美国第一个针对种族团体的联邦禁令。根据该法，中国所有“有技能的和没有技能的”劳工均被禁止进入美国。法案有意使用了国际上语意模糊的用词，涉及大多数的中国公民。“非劳工”必须得到中国政府的相关文件才能进入美国，而已经在美国定居了的中国人被禁止再次返美，这使得在美华人要么继续做美国公民，要么回华探亲，却永不得返美。

詹姆斯·伯里尔·安杰尔博士，1916年
（本图片来自密歇根大学本特利历史图书馆詹姆斯·安杰尔档案）

《排华法案》也给密歇根大学的中国学生们造成了极大的困扰，这些将在后续章节详细阐述。直到“二战”期间，美中两国形成同盟时，这一法案才被废除。而在这之前，那一批即将赴美留学的整整一代中国学生必须出示充分的材料，证明他们不是劳工。这不仅给中国的学生们带来了

安杰尔的葬礼，1916年
（本图片来自密歇根大学本特利历史图书馆詹姆斯·安杰尔档案）

手续和签证的麻烦，更让那些接收留学生的校方感受到一种无形的压力，使得双方都面临着巨大的法律挑战。

然而，正是在这种环境下，安杰尔与中国的关系为密歇根大学与中国建立联系打开了大门。而这种联系在后来几十年内愈显紧密。例如，在1885年，“中国政府参加了新奥尔良博览会，并在会后向大学捐赠了展品”。（Smith 第155页）这些展品一直在密歇根大学博物馆展示了40余年。

安杰尔任职以来，密歇根大学接纳了成千上万的中国留学生，安杰尔为他们打开了接受国际教育的大门。也有一些美国学生追随着贾德森·柯林斯和约瑟夫·比尔·斯蒂尔的脚步，自愿来到中国学习，为中国做益事。本书接下来的章节将叙述这两类学生的生活，以及他们带来的影响。

参考文献

[1] Angell, James Burrill. *The Reminiscences of James Burrill Angell.* New York [etc.]: Longmans, Green, and co., 1912.

[2] Baker, Richard Terrill. *Ten Thousand Years: the Story of Methodism's First Century In China.* New York: Editorial Dept., Joint Division of Education and Cultivation, General Section, Board of Missions and Church Extension, the Methodist Church, 1947.

[3] Eva, Sidney. "Judson Dwight Collins: Missionary from Michigan". Judson Steere Collection, Bentley Historical Library. 1947.

[4] Gaige, Frederick M. "Michigan Loses Beloved 'Elder Scientist'". Joseph Beal Steere Collection, Bentley Historical Library.

[5] Gaige, Frederick M. "Joseph Beal Steere: Naturalist, Explorer, Educator". Joseph Beal Steere Collection, Bentley Historical Library.

[6] Hinman, C. T. *The Model Christian Young Man: An Address On the Life and Character of Rev. Judson Dwight Collins, Late Missionary to China, Delivered Before the Union Missionary Society of Inquiry of the University of Michigan, July 14, 1852.* Detroit: Free press book and job office print, 1852.

[7] Howe, E. "The Story of Judson Collins, Missionary". *Detroit Free Press (1858-1922)*: 1. Jul 28 1901. *ProQuest.* Web. 14 Feb. 2017 .

[8] Peckham, Howard H. *The Making of the University of Michigan, 1817-1967.* Ann Arbor: University of Michigan Press, 1967.

[9] Simpson, Cora. "My Paths Crossed His." *Michigan Christian Advocate*. Judson Steere Collection, Bentley Historical Library. 1947.

[10] Smith, Shirley Wheeler. *James Burrill Angell: an American Influence.* Ann Arbor: University of Michigan Press, 1954.

第二章

康成、石美玉：密歇根大学的第一批中国学生

詹姆斯·安杰尔从中国公使的岗位上卸任归来十年之后，密歇根大学接收了第一批中国留学生。1892年，康成（Ida Kahn，又名康爱德）和石美玉（Mary Stone）从长江南岸的九江，前往安娜堡参加医学院入学考试。4年后，她们以全班最优成绩从密歇根大学医学院毕业，返回中国，然后开设学校、医院和诊所。在动荡不安、极度贫困的清末时期，康成、石美玉的工作解决了部分贫民子女有病无处医治，以及无法求学的问题，对整个社会的稳定起到了积极的作用。拥有中国人、基督教徒和西方人多重身份的她们，赢得了城市精英和穷人的双重尊重。她们在社区之间奔走，满足从传教士和美国团体到中国民族主义改革家、从政府官员和军事人员到当地工作的贫困的劳动者这些人截然不同的期望与要求。她们的一生，为20世纪初中国女性的独立树立了光辉典范。

独自在中国传教的密歇根传教士

康成和石美玉的故事，可以追溯到密歇根州一个小镇伊普西兰蒂里一位名叫格特鲁德·豪（Gertrude Howe）的女子。作为教友

年轻的传教士格特鲁德·豪
（本图片来自联合卫理公会教派档案与历史委员会）

派家族的女儿，格特鲁德从小耳濡目染的就是为社会服务和维护社会公正。她的父亲始终坚持应该废除死刑。她的母亲曾对她说过："女儿，我希望你不要虚度此生，要在你长大的时候有所作为。"（Shemo 第21页）尽管格特鲁德已经考入了安娜堡的医学院，但成为传教士的召唤使她放弃了学业。她加入了妇女国外传教会，并计划前往印度。

1872年的秋天，格特鲁德前往密歇根州的州府兰辛，准备接受最后的指示。然而，当她与妇女国外传教会里的其他成员会合时，忽然接到一封电报，要求她改变计划，第二天就前往中国。格特鲁德赶紧回家与家人商议。据说，她的母亲也"对这突然改变的计划大吃一惊"。但是，第二天一大早，格特鲁德还是带着父亲的祝福离开了家，踏上了远赴中国的旅途。

格特鲁德和她的同伴露西·豪格（Lucy Hoag）来到了江西九

江。起初的日子充满挑战。她们创办了长江流域第一所女子寄宿学校，但是招生困难。这个城市10年前才成为一个开放的港口，还相当传统保守。当地人对传教士和外国教师仍然心存疑虑。甚至还有谣传说，“她们办学的真正目的是收集中国儿童的眼睛去做望远镜，收集他们的心脏去做药物”。据报道，第一年里，有当地人甚至袭击学校，砸毁了学校设施。（Shemo 第22页）

虽然学校后来还是重建起来了，格特鲁德也毫发未损，但不难想象的是，格特鲁德感到格外孤独。她向她的中文老师开玩笑说，想抱养一个女儿，而老师却认真起来。事实上，老师也确实认识一个中国家庭，知道他们养不起自己的女儿。于是，格特鲁德收养了这个叫康爱德（又叫康成）的女孩，并为她重新起了个英文名字 Ida Kahn，在接下来的十年里，格特鲁德又收养了另外几个小孩。这样一来，在宣教界的狭小圈子内，她终于组建起了一个家庭。这个家庭给了她温暖和希望，帮助她在中国扎根，直到生命的终结。

康成在妇女国外传教会社区中长期的同伴之一，就是一位中国“贫穷的绅士”的女儿石美玉。这位绅士名叫石宅嵎，是传教士的语言辅导员，后来他也信奉了基督教，成为江西省第一位卫理公会的中国牧师。石宅嵎想将女儿培养成为一名医生。他对格特鲁德说，他想让女儿接受教育，为去美国医学院学习做准备。尽管初听这个想法“令人吃惊”，但格特鲁德很快就同意为康成和石美玉安排英语和相关科学课程。虽然石家对这个计划的反应并无记载，但可以想见康成一定很高兴：

> 当（康）爱德12岁的时候，格特鲁德结识了一位去过海外的中国人，告诉她愿意将爱德许配给他的儿子。格特鲁德后来回忆道，当她将此事告诉爱德时，却遭到了爱德坚决的反对。爱德说她不想嫁给任何人。她一心想成为一名医生，这样她就可以“像其他医务传教士那样帮助所有的中国妇女”。（Shemo第34页）

虽然现代医学教育计划（比如密歇根大学将传统医学与现代医学一体化的医学教育计划）在传统医学和现代科学医疗实践之间找到了共同点，但在19世纪晚期，中医与西医之间在理念与实践上还存在着巨大的鸿沟。甚至在19世纪末，美国依然只是缓慢地吸收、接纳欧洲的医学成就，如细菌致病论等。在康成和石美玉的整个医学生涯中，她们竭尽全力使西方医疗实践在中国规范化。她们全力搜集和阅读各种最新医学文献，以便保持与最新的医学技术与实践同步。

19世纪末：两种文化之间的教育

康成和石美玉从小同时接受美国文化和中国传统文化的熏陶，这使得她们很难与其他同龄孩子融为一体。尤其有一件事使她们看起来与众不同：她们不裹脚。19世纪末，虽然清朝已经做了很多努力禁止裹脚，但当时大多数上层以及许多中产阶层家庭的女孩仍然有裹脚的习惯。据康成对一个聚会的回忆：

康成（右）与石美玉的年轻时代
（本图片来自联合卫理公会教派档案与历史委员会）

> 许多年轻女孩几乎顾不上品尝美味佳肴，而是从头到脚地打量着我们，特别是我们的脚。更有甚者，石太太还建议我不要戴眼镜，因为这引起了很多议论。我告诉她，我就是想让她们对我们的脚感兴趣，而且很高兴。（Shemo第18页）

有一次，石美玉遭受邻居女孩子们的欺负，其中一个女孩"在石美玉上学的路上拦住了她"，要求她向自己裹的小脚鞠躬（Shemo 第30页）。石美玉的母亲听说后感到非常气愤，甚至在几年后解开了自己的裹脚布来支持自己的女儿。要知道，对一个裹了大半辈子脚的女人来说，解除裹脚和裹脚一样痛苦，一样需要重新适应。

同样，格特鲁德也为她收养的女儿做出了牺牲。她住在外国传教士专用居所外面。石美玉描述过这种牺牲：在闷热的夏季，其他传教士们都去庐山牯岭山区的外国人度假胜地避暑时，格特鲁德却只能选择留在“山脚下的小屋”里，陪着她收养的孩子们忍受酷暑。（Shemo 第27页）

1892年，康成、石美玉前往安娜堡，准备参加密歇根大学医学院的入学考试。那年，她们俩一个19岁，一个18岁。当时，考进一所西方大学是她们的唯一选择。虽然中国已经开始了教育改革，但女性能获得医学学历却也是多年以后的事了。格特鲁德陪同这两名年轻女子一同前往。当时《排华法案》（该法已取代《安杰尔条约》）正在生效，去美国的中国人往往被怀疑是劳工或妓女。在那种情况下，要想顺利通过移民官员的审查几乎没有可能。这对康成和石美玉来说是巨大的挑战，但所幸她们有了格特鲁德的支持和帮助。格特鲁德利用颇有影响力的安娜堡卫理公会，并联系到了《基督教倡导者》的出版机构，帮助两人顺利进入美国。

通过移民审查之后，康成和石美玉又不得不面对入学考试的难关。在那时，接受过大学教育并不是上医学院的必要条件，考试成绩才是学生获取入学资格的证明。入学考试涵盖了从美国历史到拉丁语的广泛科目。不难想象康成和石美玉当时所面临的压力：走了大半个地球，目的就是为实现自己的职业梦想找个机会，更何况她们是中国女孩。在整个美国，她们是最早申请医学院的中国女孩子。有一件轶事这样叙述道：

康成博士讲述了入学考试是如何的不易，也讲到了她是如何应对美国历史考题的："'谁是葛底斯堡叛乱分子的领导人？'之前为这些考题背过好多内容，此时却脑子一片空白。但是等等！"她说，"我好像在哪里读过关于这场战斗的记载？我似乎闻得到野外的烟雾，听得到大炮在吼叫。好像一切都栩栩如生地回放，我突然想起了自己阅读过伊达·塔尔贝的《亚伯拉罕·林肯的生活》，所以我很快就把答案'李将军'写下来了。"（Shemo 第45页）

学生时代的石美玉（左）和康成
（本图片来自联合卫理公会教派档案与历史委员会）

最终康成和石美玉都以高分通过了考试，然后开始了在密歇根大学医学院的学习生活。

头两年，格特鲁德也一直住在美国陪着她们，帮助她们顺利过渡。虽然这两名女孩在学校依然像以前一样优秀，但在多年以后的采访中，格特鲁德仍回忆说，"实验室的恐怖"让两个孩子常常辗转反侧，难以入眠。石美玉自己也坦言说，“美国的生活与我们的世界完全不同，医学语言更是一种全新的语言”。（Shemo 第46页）在面对如此繁重的学习任务和文化过渡时，要是换了另外两个女生，也许她们会抱团寻求支持，而且会发现自己很难融入其他同学当中去，这都完全可以理解。但康成和石美玉完全没有那样。度过了头两年后，格特鲁德将她们安置到一位名叫弗罗斯特的夫人那里寄宿，让她们自食其力，然后离开了她们。后来，弗罗斯特的夫人回忆说，她们结识了不少朋友，有时会邀请朋友们享用“中式盛宴”。她们俩也开始穿着美式衣服。在康成大三那年，她当选为班里的班长。（Shemo 第46页）

石美玉，1896年毕业
（本图片来自密歇根大学本特利历史图书馆BMC媒体服务记录）

四年后，康成和石美玉以优异成绩毕业了。许多资料都把她们列为班上的第二名和第三名（尽管没有明确指出谁第二，谁第三）。毕业典礼上，她们并没有像普通同学一样戴帽子穿袍子，而是换上传统的中国服装：康成着蓝色的丝绸旗袍，石美玉穿粉红色的丝绸旗袍。她们是密歇根大学的第一批中国女学生。她们捧着詹姆斯·安杰尔校长签名的文凭，穿着象征祖国的服装，幸福自豪溢于言表。

扎根于清朝末年

1896年，康成和石美玉返回江西九江。像其养母格特鲁德一样，她们也在妇女国外传教会工作。格特鲁德和其他人都建议这两位毕业生在上海的医院里先接受几年的实训，但两人拒绝了这一提议。也许是想证明她们所接受的教育已经足以让她们独立提供医疗服务。不管什么原因，她们说干就干。回九江后，她们马不停蹄地开设了一家小型的妇科医疗诊所。妇女国外传教会曾担心诊所刚开始时无法运营，但在开张之后的第4天，就有4名病人上门来问诊。很快，这个诊所的业务就开始兴盛起来了。康成和石美玉讲述过一例疑难病例的救治：一位怀双胞胎的母亲在第一个孩子出生后就停止了分娩，而且第一个孩子死了。他们赶紧请来了康成和石美玉，迅速采取急救措施，挽救了母子的生命。产妇平安后，家属为这两名医生献上了一桌盛宴，晚上“护送她们回家，一路燃放鞭炮”，既是庆祝母子平安，也是感谢恩人。（Shemo 第50页）

其实，在九江开办医院的挑战不是来自当地人，而是来自宣道会。康成和石美玉为了偿还妇女国外传教会提供的学习经费，头几年没有拿到薪水。即便当她们还完钱并开始拿薪水时，她们的收入也大大低于外国同行。此外，还有一个更为明显的不平等：不允许她们生活在宣道会专门的宿舍区。中国人与外国人的这种严格区分，连康成和石美玉也不例外。在接下来的几年里，随着两人声望和信誉的日益增长，这种伪善越来越让妇女国外传教会感到尴尬。她们的存在迫使宣教机构重新审视其价值观和政策。

到了1898年，康成和石美玉已经到处游说，想把她们的诊所扩大成一个有一定规模的医院。在寄出去的筹款信中，石美玉将她们目前的医院状况描述为“像下饺子一样拥挤”，她希望通过这些描述说服美国的女性愿意帮助她们建立一所新医院。（Shemo 第61页）最终，在谭福德（Dr. Isaac Newton Danforth）医生的资助下，新医院建成了。谭福德是1900年石美玉在芝加哥遇见的外科医生。

九江谭福德医院大门
（本图片来自联合卫理公会教派档案与历史委员会）

新落成的医院被描述为“空气流通好，有很多很舒适的阳台，有很多现代化设备”。（Shemo 第62页）

新医院开张所带来的喜悦并没有维持多久。当然，这并非是新医院经营的问题，而是因为国内大环境的改变。当康成和石美玉于1896年返回中国时，虽然政治形势动荡不安，但她们还是非常受欢迎的，因为整个社会都看到了她们可以帮助振兴中日战争之后衰落的中国。中国著名的学者和改革家梁启超先生甚至专门为康成写了一篇文章，称赞她是中国“新女性”的榜样。然而，仅仅四年后，义和团运动发展势头凶猛，日渐壮大，像康成和石美玉这样生活在九江的传教士们也受到了威胁。1900年初，义和团在“扶清灭洋”的口号下，开始攻击和杀害中国北方的传教士。此时，夹在义和团运动反外国势力的口号与同样对外国势力具有约束力的条约协议之间的清政府缓和了这种暴力袭击。

虽然义和团暴力的主要活动仅限于中国北方，但其实中国中部和南部也受到了很大冲击。这一运动逐渐扩展到中国的中南部。到1900年夏天，威胁继续蔓延，此时清政府虽仍然控制着城市，但谁也不清楚有多少官员支持义和团运动。与此同时，康成、石美玉的医院也遭受了冲击。据石美玉记载：“对暴力袭击的恐惧致使我们的病人逐渐减少，直到我们每天只有几例病人。”不久之后，面对威胁逼近，美国总领事要求妇女和儿童离开九江。于是，她们也不得不彻底放弃新成立的医院。格特鲁德、康成、石美玉和许多逃难的人一起乘船转至日本，在那里避难直到年底。虽然医院本身在起义暴动期间没有受到大的损害，但石美玉的父亲却因袭击造成的伤口感染而亡故。

康成和石美玉都觉得，她们所信仰的基督教与她们的民族主义思想之间不会有什么冲突。正因为如此，她们就和当时的孙中山、蒋介石这样的领导人走到了一起。对于孙中山和蒋介石，基督教正是政治改革与进步的一种工具。所以，康成和石美玉将二者融为一体，没有觉得二者可能会相互削弱对方。

分道扬镳：石美玉与宣道会的冲突

在九江合作近十年之后，康成和石美玉之间开始出现了分歧。江西省省会南昌的一些名门望族邀请康成去南昌开办医院。1903年，康成接受了他们的邀请。虽然康成和石美玉友好地结束了合作关系，但她们俩再也不会在同一所医院工作了。

石美玉留在了九江，从此肩负着双倍的工作量。她的导师谭福德博士担心这些工作落在一个人身上太过繁重，就想找一位美国护士帮她。石美玉谢绝了这份好意。因为她心里清楚，相比自己的健康，更重要的是她的医院作为中国自主运营机构的自主权问题。她感到需要迫切实现的目标就是，“决心把她的医院打造成没有西方监管的适合中国国情的妇女医疗部门的典范”。（Shemo 第72页）

在接下来的几年里，石美玉的生活发生了一些重大变化。她的妹妹安娜从美国的一家研究机构返回故乡。尽管已被诊断患有结核病，但她还是愿意帮助姐姐做医院里传教士方面的管理工作。医院的名声越来越好，石美玉依然为所有的病人提供尽可能好的服务。一份报告中曾提道：“有一个开明的官员，希望自己的女儿能够赶乘450英里的路程去看望石医生，以获得个人发展的灵感，并愿意提供

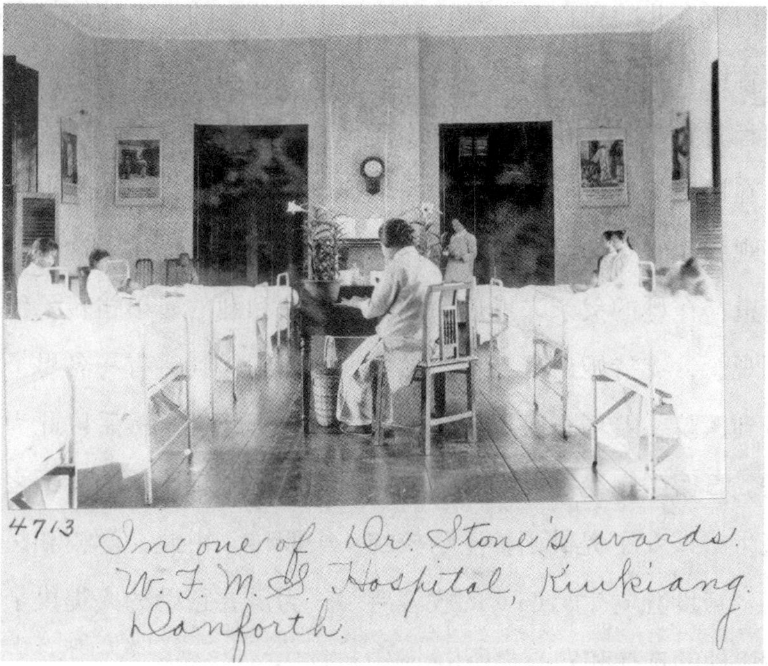

石美玉在九江谭福德医院的病房之一
（本图片来自联合卫理公会教派档案与历史委员会）

力所能及的帮助作为回报。”尽管有如此声望，石美玉和她的妹妹仍然住在妇女国外传教会外面的“一个小出租屋”里。（Shemo 第74页）1906年，安娜死于结核病。在不到十年的时间里，石美玉痛失父亲和妹妹两位亲人。

石美玉对九江以及中国的愿景，并不仅仅在于建立运作良好的医院。虽然大多数传教团体都教授英语和宗教课程，但石美玉却与众不同，她开始计划设立一所护士学校。在婴儿死亡率高达30%的年代，石美玉希望西方的产科学可以帮助补充传统的助产学，以降低中国新生儿的死亡率。她还训练护士们基本的手术技能。在她和她的合作者珍妮·休斯偶尔离开医院的短短几周里，她坚信她的护士们有能力处理她所有的日常工作。

在挑选学员方面，护理培训学校也打破了妇女不能外出工作的传统观念，给女性以充分的选择机会。一则轶事描述了这样一名护士何贤：在她的父亲去世后，她的未婚夫和她的兄弟扭转了传统的性别观念，支持她出来工作。另一则轶事则提到，有一名男子将妻子带到医院，希望石医生证实该女子精神不稳定，然后以此为借口离婚。石医生拒绝了。而当这个男人在医院抛弃了他的妻子之后，石医生给该女子提供了护士学校的一个职位。由此，学校和医院便成了“帮助独立生活妇女的收容所”，为需要帮助的人提供了一种婚姻以外的选择和安心之所。

1906年，珍妮·休斯和石美玉通过旅行的方式抵达美国。石美玉需要切除阑尾，但也许更要紧的是她需要休息。十多年来，她一直在狂热地工作，精神上仍然未从妹妹和父亲的死亡中解脱出来。当时，《排华法案》（美国第一个禁止特定国籍移民的法律）限制了中国劳工的移民。入境美国对中国公民来说难于登天，就连那些不受该法案限制的旅行者们，也往往不得不在天使岛经历“卡夫卡式的剧情”[①]。在那里她们可能会接受移民局官员的询问，试图诱骗她们承认自己是劳工。当珍妮·休斯和美玉到达旧金山时，一艘拖

---

① 卡夫卡的一部作品《城堡》描述了一种情形：看得见那座城市，却永远都没有办法接近它。——译者注

船靠近她们所在的船，船上的军官要求见一名姓石的中国女人，石美玉的心一下缩紧了，“心情就像铅块一般沉重”。（Shemo 第89页）但没想到，石美玉并没有被询问或者被驱逐出境。这名军官告诉她们，西奥多·罗斯福总统本人指示过，说石氏的旅行计划是由妇女国外传教会支持的，因此直接放行了她们的船。

阑尾炎手术后，本应休养的石美玉便又开始了疯狂的工作：演讲募捐。石美玉和珍妮·休斯小姐的足迹遍布全美，在大学、教会、妇女团体和社会团体中到处演讲，希望为她们的医疗事业筹集资金。不久之后，她就成了一位口才极佳的出色的演讲者。她在演讲中娴熟地运用美国俚语，穿着“中国丝绸外套和美式的裙子”，其热情和特质被誉为“没有人可以抵挡她的说服力”“没有一次她没有得到她想要的东西”。（Shemo 第91 ~ 92页）当她的美国之行结束时，石美玉已经筹集到了足够多的资金来扩大她在中国的医疗事业，并建造了一座自己和珍妮·休斯都满意的房子。

接下来的十年，石美玉的医疗事业迅速发展壮大：医院创办了护理专业，而且在珍妮·休斯的指导下，那些在基督学校上学的女孩们实际上已经基本读完了高中全部的课程，完全具备了接受高等教育的资格。石美玉和珍妮·休斯在医疗事业中做出的这些成绩，让妇女国外传教会十分眼红。到了1920年，妇女国外传教会和珍妮·休斯之间在学校教育这方面的分歧已日益凸显，摩擦已不可避免。

在当时的社会，这种紧张局面，以及外国人和中国工人之间的收入不平等的现象，比比皆是。20世纪20年代初，石美玉和珍

等待进入九江谭福德医院的病人

（本图片来自联合卫理公会教派档案与历史委员会）

妮·休斯从妇女国外传教会辞职，决心建立一个可以真正实现自己理想的独立的传教会。经过几年的资金筹备，最终，她们在上海成立了伯特利教会（Bethel Mission），其中包括医院、护士学校（每年招收学生多达200名）、高中和教堂。

她们一直在伯特利教会工作，直到第二次世界大战爆发。1937年日本人开始轰炸上海时，石美玉和珍妮·休斯恰好在中国北方旅行。在电报中，她们被告知千万不要返回上海，并建议她们逃往香港。走投无路的她们只好采纳了建议。最后，她们一路从香港乘

石美玉医生

（本图片来自密歇根大学本特利历史图书馆）

船转到加利福尼亚州的帕萨迪纳。一直到战争结束，石美玉和珍妮·休斯一直在美国生活，并在那儿安度晚年。她们只能远距离地监管重建伯特利教会的工作。1951年珍妮·休斯去世。三年后，也就是1954年，石美玉去世。

康成：一生献给开创中国现代医疗体系

1903年，康成与石美玉分道扬镳。同年，应名门望族的邀请，康成与格特鲁德·豪一起搬到南昌，打算在此开展新的医疗实践。之后，康成发现南昌与九江的文化差异极大。南昌虽然是省会城市，但受到西方文化影响的程度却远远不如九江，因为后者自19世纪中叶以来就一直是通商口岸城市。1898年她曾到访这座城市，她回忆说，当时义和团运动尚未爆发，但此地的反外情绪就已高涨。她和同伴（一个美国的妇女国外传教会传教士）到达后，遭到一群人的围攻。当康成的美国朋友被允许通过时，围攻人群中却有人向她扔石头，并嘲讽地吼道："外国佬！外国佬！"她试图躲进一间屋子以逃离围堵，却发现门被锁上了。幸运的是，一些好心的人帮助她逃出了重围。（Shemo 第103页）

还是1903年，当康成再次回到南昌时，形势已经不再那么糟糕。在当地名人的资助下，她建立了一个小小的医务室。不过，虽然赞成改革的名门望族对她的医疗事业很感兴趣，尊重并且支持她，但是普通老百姓对她却没有那么热情。这一差距在数据上显而易见："在第一年，康成只接待了2000多名病人，而在九江，石美玉和她的护士们却治疗了12000多名患者"。（Shemo 第109页）面对那些对自己持有怀疑态度的人，康成深感受挫。她自己也曾经表达过这种挫败感：

> 你能想象那是一种什么感觉吗？你的病人们全都身着盛服，躺在病床上……等着咽下最后一口气。那正是我在南昌这个古老的大城市面临的情形。原因仅仅是因为没

有人相信西医。难怪我的助手说我没有天赋，我也宁愿相信。我到底该如何来拯救这些垂死的女人呢？（Shemo 第109页）

康成在南昌的头几年，患者人数有所增加。然而，即便如此，她还是感到焦虑，同时经济上也捉襟见肘。格特鲁德和姐姐几乎把所有的钱都给了康成，康成自己甚至也变卖了“仅有的几件珠宝”，以此支付昂贵的房租和每天分发出去的药品费（Shemo 第110页）。在后来的书稿中，她也曾提到过那几年的情景，“焦虑的情绪和经济上的困难，令我几乎无法承受”。（Shemo 第110页）

然而，山穷水尽之时，却又迎来了柳暗花明。当地的名门望族和卫理公会传教团体对康成工作的支持力度开始逐渐增大。除了药房，几位开明的绅士购地帮她建立了一家医院，这是南昌本地唯一的传教社区的财产。不久之后，一位卫理公会主教来访。根据报道，在他发现当地如此有名的医生还居住在拥挤的药房里时，备感沮丧。于是，他回国之后，汇来5000美元，为她们在医院附近建了一个新家。

20世纪初，康成的事业发展得更加迅速。像石美玉几年前一样，康成和格特鲁德也加入了到美国的筹款之旅。等到她们回到南昌时，发现自己的医院已经竣工。1911年的辛亥革命推翻了清朝政府，大大激发了公民对于改革的希望和建设新的共和国的信心。西方的理想主义和文明在南昌越来越被大众熟知并接受。1912年，政治哲学家、活动家及革命家孙中山先生来到了南昌。康成凭借自己在当地的声望，为其筹办了宴会。孙中山先生亲自考察了康成在当地的工作，并为医院的运作捐献了一笔资金。得到孙先生这位要人的认可后，康成医院的病人数量在随后的几个月内急剧飙升。

可是，1911年辛亥革命的理想主义，在20世纪20年代还是变成了泡影。统一共和国的梦想没有实现，中国陷入了长期的军阀混战时期，国家四分五裂。幸运的是，江西省省长对康成的工作给予了支持。在其他地方，孙中山先生创立的国民党力图统一四分五裂的中国，因此民族主义情绪仍在持续高涨。一些外国元素，包括传教士和中国基督徒，全都被贴上了帝国主义的标签。面对自己的事业和信仰、当地政府与需要救治的士兵，以及国民党部队与军阀势力这些错综复杂的矛盾，康成不得不寻找新的平衡点。

康成（美国人叫她艾德·卡恩）
（本图片来自密歇根大学本特利历史图书馆东方女性巴布奖学金委员会档案）

在如此复杂的形势下，康成被迫妥协，任由受伤的士兵在自己的医院里休息，允许女护士治疗男性病人。后一做法，她过去也曾经实施过，但引起了她与妇女国外传教会之间的摩擦。周围的政治环境令她的工作压力也随之增大。有一件小事描述了康成面对各种压力发生的改变。有一次，康成被当时南昌一位最高行政长官召到府中为他的一位女性亲属看病。一位中医也曾被邀请至府上为其诊治，但却因其病情严重而拒绝为她治疗。“诊断上哪怕出现一丁点的错误，她都会死掉。”康成写道，“我十分恐惧。”她也做不出明确诊断，但在官员及其家人的压力下，她不得不开出药方：“我觉得自己非常无能，所学太少！我甚至希望自己从来没尝试过去做医生。”（Shemo 第237页）尽管康成进行了保守治疗，但女病人却奇迹般地迅速康复。此后，这位官员将家人的所有治疗都托付给了康成。

当康成不直接帮助伤员时，她就把自己的医院当成避难所。医院有两层楼高，有一个中间庭院，一块绿色草坪，还有一个由康成自己种植着果树和蔬菜的小花园。这个院子成了“受恐怖袭击的妇女、伤员和孩子”的避难所，他们有幸从军阀和国民党的混战中逃离。士兵们洗劫了许多其他人的家园，但唯独没有破坏康成的寓所。也许是因为她与南昌地方长官特殊的交情，也许还因为她与外交使团有联系。尽管反帝情绪日益高涨，但士兵们还是不愿意激怒外国势力的武装力量。

康成还采取其他一些外交手段，比如邀请高级官员和绅士到家里参加宴会，以此期待他们对基督教会“有着更多的好感”或是“不再那么反感”。（Shemo 第242页）这样一来，康成的房子和她的名字就成为“整个城市的护身符”，也可谓是安全的代名词。1926年秋天，国民党终于控制了南昌，康成继续保持着与国民党的关系。官员还是时不时地被邀至家中吃饭。她希望“通过这种方式可以尽量消除他们对基督教会的种种偏见”。（Shemo 第242页）

然而和平并没有持续多久。就在第二年春天，美国和英国的军队向这个城市发动了攻击。于是，中国人对外国人的怨恨迅速飙升。一个月之后的某个清晨，当康成和格特鲁德醒来后，竟然惊奇地发现她们已被抛弃了。一夜之间，除了她俩，所有外国传教士全部秘密地撤离了南昌，而事前竟然没有任何人告知康成。一名仆人送来的一张纸条算是勉强解释了事情的缘由。纸条上仅留着“在外国人中严格保密”的字样。（Shemo 第244页）

对于传教团体来说，康成被认定是一个“对美国没有足够信心”的传教士，而这种不信任瞬间让康成感觉到了背叛。更难以接受的是，他们竟然连格特鲁德也抛弃了。美国的领事和其他传教士知道康成不会离开她的养母，于是，便做出了如此选择。康成如此描述了这一经历：“那天早上醒来，我们发现所有的传教士都离开了，甚至没有留下只言片语。我永远都无法描述那一刻的痛苦。”（Shemo 第245页）

孤立无援，没有侨团的保护，康成和格特鲁德陷入了危险境地。在接下来的几年里，虽然格特鲁德的病故（1928年）让康成悲痛欲绝，但她依然坚持抵制日本入侵伪满洲国。在江西老家，即使在她的医院处于极其艰难的时期，她仍然奔走于国际社会，撰写文章呼吁各方援助。

1931年底，康成身染重病。一名传教士如此描述了她腹部癌症的情况："癌症已经扩散到她的腿部，直到她的大腿骨破裂。"其他人也描述了肝脏疾病和肾衰竭对康成的折磨："很明显，康成临死前是极度痛苦的"。（Shemo 第253页）尽管如此，她还是把最后的精力用于帮助别人，甚至被抬着上下楼出诊。当康成意识到死亡已经向自己逼近时，她请来了她的最后一名访客——石美玉。她俩一起唱"赞美诗"，以及其他一些童年时代曾唱过无数次的歌曲。（Shemo 第254页）

在密歇根大学，康成和石美玉留下了一座永久的丰碑，因为她们在密歇根大学遇见了学校的执政人员莱维·巴布（Levi Barbour）。正是受她俩事迹的激发和鼓舞，莱维为东方女性创立了巴布奖学金。这将成为下一章的焦点。

参 考 文 献

[1] Burton, Margaret E. *Notable Women of Modern China*. New York: Fleming H. Revell Company, 1912.

[2] Izant, Edwin. "Excerpts from a Talk Honoring Gertrude Howe". Lansing: Central Methodist Church, 1947. Print.

[3] Shemo, Connie Anne. *The Chinese Medical Ministries of Kang Cheng And Shi Meiyu, 1872-1937: On a Cross-cultural Frontier of Gender, Race, and Nation*. Bethlehem [Pa.]: Lehigh University Press, 2011.

第三章

巴布学者

迄今为止，共有来自中国、印度、土耳其等27个国家的700多名女性来到密歇根大学，在巴布奖学金或高级学位巴布奖学金的资助下读书学习。在项目早期，来自中国的女性占了大部分奖学金的名额。在中国，对于这些女性而言，巴布奖学金是回国后进入权力阶层的跳板，借此她们可以在这个男性主导的社会中获得一席之地。这样的例子不胜枚举。鉴于篇幅所限，本章只讲述莱维·巴布以及两位给人留下印象最深刻的杰出女性丁懋英和吴贻芳的故事。而丁懋英和吴贻芳在医疗和教育事业上的成功与巴布奖学金是分不开的。

巴布及巴布奖学金

1917年，康成和石美玉毕业20多年后，密歇根大学第一次正式向来自亚洲国家的妇女提供巴布奖学金。奖学金由毕业于密歇根大学的校监莱维·巴布（Levi Barbour）创立并出资，用来资助那些符合要求的东方女性来密歇根大学学习，然后把新知识带回本国。正如1919年巴布给当时的密歇根大学校长哈钦斯（Hutchins）写的一封

莱维·巴布

（本图片来自密歇根大学本特利历史图书馆东方女性巴布奖学金委员会档案）

信中所提到的，巴布奖学金的设立是为了吸引来自东方的女性接受西方教育，并让她们把这些先进的知识带回本国，与她们的国人共享。

巴布几乎是与密歇根大学共同成长起来的。巴布于1840年生于密歇根州门罗镇（Monroe），1863年在密歇根大学获得学士学位，之后又获得法学博士学位。在职业生涯早期，巴布似乎一直热衷于慈善事业和社会正义事业。通过律师资格考试并与在安娜堡居住的哈丽雅特·胡珀（Harriet Hooper）结婚之后，于1866年定居底特律，并成为一家律师事务所的一名年轻合伙人。巴布不遗余力地关心着这个城市的发展。他在“购买百丽岛”打造城市公园项目中发挥了主导作用。同时，他还积极倡导和组织了一个民间机构“慈善协会”，即今天赫赫有名的联合慈善会（United Way）的先行组织，并担任了第一任会长。（Faerber 第20页）

但是，在巴布所有的社会活动中，普及大学教育也许是他最感兴趣和最重要的贡献。1896年，安杰尔从中国回国10年之后，也是康成和石美玉刚刚毕业那一年，巴布发表了一篇名为《职业男性大学教育》的文章。他在文章中开门见山地写道："在众多男大学生面前，我希望可以讨论一个更为深刻或者说更为重要的话题，那就是'所有人的大学教育问题'。"（Barbour 第1页）后来，巴布写道，他希望有一天，大学教育将像小学一样普及。这是他大部分慈善工作的核心价值观。

这样一来，允许女性接受高等教育便自然成为巴布必须首先解决的问题。在19世纪60年代中期，女生仅仅被允许接受男女同校的高中教育，但不能参加大学课程学习。1858年，校董委员会就妇女高等教育的恰当性和必要性撰写了专门的报告。而时任校长亨利·菲利普·塔潘"虽然坚决支持年轻妇女接受高等教育，却主张提供单独的教育设施和课程"。在他看来，"无论是体力还是智力，女性都无法在相同的大学环境中与男性竞争"。（Faerber 第5页）直到1870年，由国家立法机关批准，密歇根大学才改变了政策，并接受了第一名女学生。

当巴布在19世纪末开始担任校监的第一个任期时，他和安杰尔校长能成为密友以及同事就不足为怪了，因为他们两人都认同妇女的选举权以及接受大学教育的重要性。于是，巴布与安杰尔校长积极致力于执行董事会的政策，即允许女生进入大学。他们举荐了大学第一任女系主任，由伊莱莎·莫舍（Eliza Mosher）博士担任。那些年间，巴布将底特律的一块土地赠送给了大学。后来，拍卖这块地的收入用来建造巴布体育馆，作为校园内女学生的活动中心。

中国学生在巴布奖学金项目舞会上的聚会
（本图片来自密歇根大学本特利历史图书馆）

1913年，即巴布的亚洲之旅几年后，奖学金政策才正式启动。巴布不失时机地继续完善和补充其细则。1914年，他邀请了两名日本女性来美国留学。巴布支付了她们的费用，聘请了老师，甚至在初始的几个月里还把她们安置在自己家里。到了1917年，经过几年的准备以及与哈钦斯校长磋商之后，他向董事会提出了正式的报告。此时，奖学金的数额也达到了约5.5万美元。巴布奖学金开始正式实施。那一年，来自中国的一位名叫盖乃迪的学生（Glidys Ding Chen）成了第一位正式的巴布学者。

自1917年至巴布去世的8年间，巴布一直负责奖学金项目的运营与维护。他慷慨捐助，使基金增加了一倍，帮助管理和修改了该计划的政策，并向大学赠送了几项租赁资产，以使该基金可以自给

巴布奖学金项目秘书（1946年开始）弗兰克·亨特里（左）
和他的妻子（中）与国民党总裁蒋介石
（本图片来自密歇根大学本特利历史图书馆）

自足。（Faeber 第23页）当他了解到一名学生由于生活条件不佳而感染结核病时，巴布在校园内为女生修建了一个新的宿舍，以他的母亲名字命名，因为母亲是他终生的偶像。今天贝琪·巴布（Betsy Barbour）校舍仍然矗立在安娜堡的校园中心位置。1925年，巴布去世。他把自家的家具赠给了贝琪·巴布校舍，并把自己的住房用地全部都用到了奖学金计划中去。

莱维·巴布一生致力于让每个人（特别是女性）接受高等教育。这是一项伟大的事业。我们将在本章的其余部分中看到，巴布对中国女性能力和前景的投资已经产生了巨大的效益。

丁懋英：医院院长、救济会工作者、国家代表

丁懋英（Me-Lung Ting）是一位密歇根大学的毕业生。丁女士两次进入密歇根大学，先是于1920年获得了医学学位，并在8年后重返密歇根大学接受巴布奖学金的资助继续深造。在职业生涯中，她做过天津公立女子医院（水阁医院）院长，作为中国代表团团长出席过在檀香山召开的泛太平洋妇女大会。她也是最早在中国出版产前护理书籍的专家之一。

丁懋英

（本图片来自密歇根大学本特利历史图书馆校友会档案）

丁懋英的非凡事业始于上海的麦克泰尔传教学校。在那里，她遇到了曹丽云，一个长她几岁的学生。后来，曹丽云是她的导师和朋友，正是曹丽云激发了丁懋英学医的兴趣。然而，这种友谊以及丁懋英的命运很快受到了考验。丁懋英的父亲不愿意让女儿接受更多的教育，而是将她许配给了自己一位年老体弱的朋友。

关于丁懋英是如何逃婚的，众说纷纭。有人说她跑去找传教士寻求帮助，而她的大侄女则认为，更有可能是她的朋友曹丽云帮助她逃跑的。无论怎样，丁懋英逃婚成功，并且最终去了美国。

在美国，丁懋英先是在曼荷莲女子学院（Mount Holyoke College）修完了本科学位课程，而后进入密歇根大学医学院学习。在安娜堡期间，她开始与霍尼克山的教授安比·特纳（Abby Turner）博士通信。之后，安比·特纳博士成了丁懋英的笔友和知己。这些信件今天仍保存着，正是这些信件使我们了解到丁懋英在美国的学习生活，以及回国后做医生的经历。譬如，丁懋英上了暑期“实验生理学”的课，老师是寇普博士，而寇普“把全部时间都用在了学生身上”。丁懋英认为“他的课是全国最好的”。她也喜欢安娜堡的夏

丁懋英寄给安比·特纳博士的一封信

（本图片由唐娜·阿尔比诺提供，http://www.mtholyoke.edu/~dalbino）

天：“有到处可见遮天蔽日的树木，有很多公园可供散步和娱乐，巴布体育馆向所有学习暑期课程的学生开放，里面有一个游泳池和许多淋浴间。”（信函编号 1919-20）

尽管丁懋英在密歇根大学全身心地投入学习中，但她却从来没有忘记自己的祖国。正如她在毕业前一年（即 1919 年）所写的那样：

> 我会为中国人民做最好的事情。没有几个人可以像我一样如此幸运能出国学习。很多学医的人甚至连份工作都找不到。经过多年的学习，我应该能够为我的国人做一些事情。曹医生希望我帮助她。毕竟我唯一想做的就是把自己的全部贡献给我的祖国。（信函1919年）

1920年即将毕业于安娜堡的丁懋英
（本图片由唐娜·阿尔比诺提供，http://www.mtholyoke.edu/~balbino）

丁懋英的老朋友曹丽云毕业于麦可泰尔传教学校，当时已是一位执业的外科医生。而丁懋英于1920年从医学院获得学位之后，又在医院实习了两年，获得了一些实践经验。1922年，经过近

10年的海外生活和学习，丁懋英终于回到了中国。20世纪初，清朝覆灭，军阀割据。面对贫穷与战争，丁懋英非常震惊。她说："中国北方几乎每天都在打仗。""这些战争与老百姓毫不相干。等到混战的军阀们早晚会自取灭亡之后，中国人将得到拯救。我很高兴我能把所学的东西带回国来帮助我的国人。"（信函1922年6月）

另外，虽然她为了逃避包办婚姻而离家，但现在已与父亲团聚，相互之间不计前嫌。"我父亲为我感到骄傲不已。"她在同一封信中写道，"这次回归故里，确实让人感到幸福快乐。"

然而，这一切并不长久，夏天还没有过完，幸福就结束了。1922年8月11日，丁懋英准备带她的朋友曹丽云一起出去吃饭。在梳妆打扮的时候，曹丽云开始感觉头痛。"仅仅5分钟后她就昏迷过去了，并且再也没有醒来。"丁懋英后来这样写道。三天后，曹丽云死于脑溢血。而曹丽云的姐姐在几周前也去世了。于是，丁懋英在天津变成了一个无依无靠的人。"不到三个星期，我最好的两个朋友相继离开了

1918年丁懋英在上海基督教女青年会
（本图片来自曼荷莲女子学院
档案与特别收藏）

我。一切对于我来说简直就是一场噩梦。”（信函1922年9月）

然而，天津北洋女子医院繁重的工作却让丁懋英根本没有时间悲伤。曹丽云去世后，医院大部分的工作重担都压在了丁懋英一人身上。丁懋英说：“对一个年轻的医生而言，工作太重了，压力太大了。我想有多一点点的时间来阅读我的病历。我还要自己做实验室的工作。自从曹医生去世后，我甚至还不得不负责医院的账户。”（信函1922年9月）

在这些描写当中，她删掉了时间之前“足够”一词，显得特别沉重。她只希望自己能有多一点点的时间，已不敢奢望时间“足够”。在同一封信中，她道出了她繁重工作的细节：“在3个月内，我接诊了3000名诊所的病人，接生了45个婴儿，做了10台手术，给外界打了60个电话。”难怪丁懋英怀念两年前在密歇根大学那段比较轻松快乐的生活：“我怀念大学生活。要是能够放下手里的工作，去林间散散步，我会不惜任何代价。”（信函1922年9月）

然而，丁懋英认为她有责任继续曹医生“未完成的事业”。更难的是，丁懋英不得不面对权威的挑战，虽然自己年纪尚轻。“医院管理层正在考验我的脾气。由于经验不足，我经常不知道如何处理人情世故。”（信函1922年12月）

在接下来的8年中，丁懋英坚持了下来，不断发展医院。她聘请新的医生和护士，派人到美国进行培训，提高业务能力。同时，民族主义者与当地军阀之间的各种武装冲突是永远必须关注的事情，否则他们就无法生存。丁懋英在1924年冬天写道，平民“在10月和

11月的晚上不敢上街。军国主义和士兵使我们成了奴隶”。（信函1924年12月）

那时，丁懋英的父亲已经60岁了，她却无法经常回家。忙碌的工作安排和30个小时火车的返乡路程并不是她很少探望父亲的唯一原因：“火车上满是士兵，任何事情都可能发生在一个女人身上。”

20世纪20年代末，她肩上的重担减轻了些。应美国之邀，她参加了第一届泛太平洋檀香山妇女大会。这个大会是20世纪领先的国际妇女社会运动之一。来自美国、澳大利亚和新西兰的组织者们，会聚了全球各地的妇女精英，以促进“跨文化交流”和“种族间的友谊”。（Paisley 第2页）丁医生最初拒绝了邀请，因为玛丽·斯通（石美玉）医生也被邀请，她希望“由石医生代表中国女医生”。（信函1928年4月）不过，她最终还是出席了该会议。她提升了中国的声誉，彰显了中国的独立。一个在上海基督教青年会（YWCA）工作的澳大利亚女子埃莉娜·亨德（Eleanor Hinder）提议下一年的会议在上海举行时，丁懋英拒绝了。丁懋英表示：“如果下一次会议在中国举行，那邀请人应该是中国女性。”（Lake 第51页）这振奋人心的宣言，说明中国妇女已开始为维护和争取自己的权益而发言。

妇女代表大会结束后，丁懋英就回到了中国。1929年，在莱维·巴布先生去世4年之后，她获得了密歇根大学巴布奖学金攻读研究生的资助。丁懋英又回到安娜堡，终于有时间休息和调养一下身体了。在一年的学习期间，她能够自由地选择尽可能多地去学习她喜欢的内容，并且参加“各种优质的讲座和精彩的音乐会”“我真的度过了一段很快乐的时光。”她写道。那时秋季学期已经开始。（信函1929年11月）

在获得巴布奖学金支持的这段时间里，她大部分的工作重点，是为中国需要了解现代产科知识的母亲们撰写一本书。这本书受到中国父母们的一致好评。许多人表示这是他们照顾好孩子迫切需要的一本书。每个母亲在离开这家医院之前都得到一本。（信函1935年1月）在这本书的致谢中，丁懋英对莱维·巴布先生的奉献精神和他的“远见卓识”致以崇高的敬意。

丁懋英的书第二次印刷后不久，天津市市长选择了丁医生担任天津婴儿庇护所的主任，该庇护所收容了约100个被遗弃的女孩。“这是天津历史上第一次由一名女人担任政府职务。”丁写道，“市长想要一个女人做这项工作，因为正如他所说的一样，这是适合女性的工作。”（信函1935年7月）而那些男人们显然无法做得那么完美：

> 你无法想象庇护所的卫生条件有多差。庇护所的男医生只会用他的薪水在饭桌上加道菜。世界各地的政治都差不多……我无法细数这两个月来我做了哪些清理工作。我开除了所有不能胜任工作的人，不管是男人还是女人。两个月内，我实际开除了39个人。（信函1935年7月）

丁懋英刚毕业就到这里接受了北洋医院主管的任务，她的内心难免紧张，但她现在已经变得游刃有余。在她做主管的头几个月里，就拆除了一座老旧的病院楼，并开始建造一座新的；她给护士们开设了课程；她为防治老百姓传染性疾病作斗争，还为儿童设计了新的膳食搭配。她开始教育年长的女孩如何照顾年幼的孩子。“我正在努力让这个机构像一个家。”她写道。每个人都愿意相信她做出的承诺。她说：“天津市的每个人都对现状感到开心，因为我被选中来整改这个机构。”（信函1935年7月）

尽管丁懋英为她整改下的医院和庇护所呈现出的良好发展局面感到欣慰，但武装冲突仍然威胁着她的工作。她给特纳小姐的信中多次提到过这种担忧。位于中国东北部的天津，长期以来都是重要的港口。控制大片租借地的外国势力把天津视为通往北京的直通车，因为京津两地的直线距离仅有一百多公里。在这样一个兵家必争之地，19世纪末的义和团运动一直掌握着天津的部分控制权。现在，丁懋英正试图重整市内的教育和医疗基础设施之时，日寇的侵略又笼罩着她。1935年底，在被日本间谍问话之

1922年在天津的丁懋英

（本图片由唐娜·阿尔比诺提供，http://www.mtholyoke.edu/~balbino）

前，她在一封信中就曾预言：“不久日本将会迫使中国开战。”（信函1935年10月）

不出所料，丁懋英的预言成真了。1937年7月初，第二次中日战争全面爆发。到了7月底，天津已陷于战火之中。战机轰炸了天津最重要的一些设施。南开大学被焚，几乎夷为平地。此外，还炸毁了“非常靠近医院”的警察局。（信函1937年8月）丁懋英开始转移病人，尽力用救护车移走那些“濒临死亡边缘的”重病号。而她自己却一直坚守医院阵地以履行她的职责。后来，丁懋英终于能够通过一位美国朋友传递书信给特纳小姐，使这封信免于日本人的审查。这封信描述了日军对城市进一步的空袭，描述了炸弹如何轰炸了她的医院，她们如何不得不将病人转移到地下室。“我们不怕死，但是不知道这种紧张情绪会持续多久。”（信函1937年9月）丁在信中告诉特纳小姐和全世界：“我们只需要世界给予我们和平，能够和他人和谐相处。”

1938年6月后，丁懋英与特纳小姐的信件中断了8个月之久。1939年3月，她又写了一封信给特纳小姐，信中提到一个她俩的共同朋友。这个朋友告知了她“这里发生的事件”。她写下这样不祥的句子：“我很感谢小时候严格的家教、单纯的生活环境和很多小小的私人空间。”在后来的信中，丁懋英提到她和她的一个侄子在被日军占领的监狱里拘留了19天。拘捕理由无中生有。虽然丁懋英曾被质疑她的政治观点有问题，但“我赢了我的战斗。他们什么证据也找不到，不得不给我自由。我对政治根本不感兴趣”。（信函

1939年4月）丁懋英的侄女伊芙·琳凯在霍利约克山的档案中提及了关于丁的一件轶事：显然，在日本占领期间丁懋英一直坚持在她的车上悬挂美国国旗，这恐怕就是他们俩都被投入监狱的原因。

日本对天津的占领一直持续到“二战”结束。在这段时间里，丁懋英安置救治了数以千计的难民。后来她搬到了上海，生下一名女婴，并在空袭中幸存下来。丁懋英在与特纳小姐的通信中断了一年之后，她叙述了这段经历：

> 不久，轰炸机和高射炮的轰鸣声被一连串下落的炸弹和爆炸声掩盖。突然之间，我感到自己像如撕裂一般被抛起，然后又被脸朝下扔到了房间中央。房子倒塌后砸在我身上。我本能地抬起左臂，头得以靠在下面，得以呼吸。灰尘很厚，呼吸艰难……我已忘记了害怕，只希望我是一个强壮的男人，好有力量卸去我背上的负担，那样的话我可以呼吸得更顺畅。事实是我甚至连一根头发丝也动不了。我的呼救声指引人们发现了我，半小时后他们把我挖了出来。没有别的地方受伤，只有左髋部大面积的瘀伤。这是被一根房梁撞伤的。那当真是一个奇迹，不幸中的万幸！因为我身上只有六块地板和天花板，这个房间的屋顶没有塌陷，墙壁也没有倒塌。假如任何一个“如果”发生的话，都足以让我保持永远的沉默。（信函1941年6月）

战后，丁懋英在中国担任国际救济委员会主席。但是，天津恢复正常秩序并不容易。抗战胜利之后，中国陷入内战。她决定离开这里的一切。于是，她辗转到了香港，然后从香港飞往英国。丁懋英从英国给特纳小姐发了几封信，讲到了大家期盼已久的和平与安宁，讲了希望美国大使馆能让她再次进入美国。

最后，丁懋英还是到了美国。在那里，她成了一名医生和教授，工作时间长达20年之久。丁的历程是一个了不起的故事。对于她而言，密歇根大学和巴布奖学金为她后来在中国获得权威职位铺垫了良好的基础。在那里她开办了医院，重建了天津婴儿庇护所，担任国际救济委员会主席，并在国际会议上成为祖国的代表。在中国那些最动荡最困难的时期，丁懋英成了她所居住的城市中具有重要影响力的人物。

吴贻芳：代表中国在《联合国宪章》上签字的大学校长

像丁懋英一样，吴贻芳也曾就读于密歇根大学，也是巴布奖学金的早期受益者之一。而且她也在很年轻的时候就担任了领导职务：35岁时，吴刚刚获得昆虫学的博士学位就当选为南京金陵女子大学校长，成为中国历史上第二位担任大学校长的女性。

吴贻芳成为校长是在20世纪20年代末。这意味着在此后的特殊历史时期，即在日本入侵和中国内战最困难的时候，她必须担起保障学院完整和学生安全的重任。像居住在中国北方处于同一时期的丁懋英一样，住在南方的吴贻芳同样展现出了一位女性领导者的精彩人生。

1916年冬天，吴贻芳入读了刚刚开办的金陵女子大学。在那里她才开始逐渐从痛失亲人的悲痛中走出来
（本图片来自密歇根大学本特利历史图书馆东方女性巴布奖学金委员会档案）

1893年，吴贻芳出生于中国大规模社会变迁前期一个相对上流阶层的家庭。她在4个孩子中排行老三。小时候，吴贻芳也被要求裹脚，尽管后来没有再裹了。她祖上都曾是小有名气的仕途学者，其曾祖父和爷爷都是科举进士，而她的父亲却“仅仅是个秀才”。随着家世的衰落，“吴贻芳的父亲靠家里的关系很不情愿地花钱买了一个品级不高的官位”。（Waelchli 第52页）尽管家庭经济每况愈下，但吴贻芳和她的姐姐贻芬还是上了学，尤其是贻芬，对上学“非常痴迷”。当她们的父母拒绝将她们送到杭州的新兴女校时，“特别想上学的贻芬试图自杀”。以死相逼这种举动终于让父母做出了让步。1904年春天，两姐妹一个15岁，一个仅仅11岁，便踏上了去杭州读书的旅途。仅路上就花了11天时间：“一路上换乘轿子、小船和蒸汽船，十分辛苦。”（Waelchli 第53页）

两个孩子在享受了5年的快乐学习生活之后，家庭悲剧接踵而来。1909年，她们收到一条消息，说家里发生了大事让她们速速赶回，结果出事的是她们的父亲。据说，她们的父亲“被劝诱在两个商业计划中挪用政府公款。当这些生意失败后，他被要求赔偿所有损失。面对巨额赔偿，他只好寻了短见”。俗话说祸不单行，从此之后，她们家便开始遭遇一连串的不幸。吴贻芳和姐姐离开学校后便与家人一起搬到了上海，在那里和一位叔叔住在一起。两年后，吴贻芳的哥哥像父亲一样投河自尽。已经生病的母亲禁不住丧夫失子之痛，接着也去世了。在她母亲的葬礼之夜，吴贻芳的姐姐面临着独自一人照顾兄弟姐妹的压力，竟然也自杀了。在短短的一个月内，只有18岁的吴贻芳“失去了三位最亲的亲人”。（Waelchli 第55页）

在随后的几年中，吴贻芳倚靠姨父陈叔通生活。姨父鼓励她继续上学。事实上，据一位非常了解吴先生的学生透露，面对这么多家人的相继去世，吴贻芳也曾产生过死的念头。正是由于姨父的支持、开导和鼓励，她才没有轻生。（Waelchli 第56页）

1916年冬天，吴贻芳入读了刚刚开办的金陵女子大学，在那里她才真正开始逐渐从家庭离散的悲剧中恢复过来。她在一封致辞中这样描述她的朋友曾玉柱给予的帮助：

> 我初入金陵时，正陷入一连串家庭悲剧的深渊，不能自拔。在金陵，曾玉柱是一名基督徒，她对我的遭遇表示

极大的关爱和同情，帮助我慢慢脱离了痛苦和孤独。渐渐地，我了解了生活的真正意义，并学会了着眼于有价值的生活目的。（Waelchli 第57页）

作为一名大学生，吴贻芳展现出了她在领导方面的天赋。她组织了一个学生自治协会，自己担任主席，并且还担任高年级班的班长。她主张学生要有更多的自主权，强调“学生有能力执行学校和宿舍的各种规章制度”。（Waelchli 第58页）但这也许还远远不够，更重要的是金陵女子大学的学生们想要更广泛地参与到国家的事务中去。在学生剧社的一个话剧中，她曾扮演一位上层女性的角色，给穷人而不是给富有的朋友赠送礼物。而在另一个短剧中，她还和其他4位班长做了关于“将金陵女生作为光明的象征呈现给社会”的演讲。这些大学生不仅怀揣远大理想，还将这些理想付诸实践，如为没有文化的女孩子开设了“半日制扫盲学校”“邻里儿童的周日学校”等。（Waelchli 第60页）

从金陵毕业获得学士学位后，吴贻芳申请并获得了密歇根大学的巴布奖学金。在接下来的6年中，她相继获得昆虫学硕士和博士学位，教授本科生，并继续开展自己的研究。1927年，在吴贻芳即将完成博士学位学业之际，得知自己已被南京金陵女子大学委员会的理事会（由美国传教士和学院的代表组成）聘为南京金陵女子大学的下一届校长。这意味着，她将是中国第二个拥有这种职位的女子。只要她接受，位置就是她的。

1925年，吴贻芳（前排左四）和巴布奖学金同学

（本图片来自密歇根大学本特利历史图书馆，A.格里斯·埃德蒙剪贴簿）

作为一名勤奋的学者和有抱负的领导，吴贻芳已经小有名望。但是，作为一位尚未完成学业又没有任何实际行政经验的年轻女性，（金陵大学委员会）这个决定仍然是大胆和令人吃惊的。当然如果没有来自国民政府要严控外国势力主管相关机构的压力，金陵大学委员会也不会做出这样的决定。起因是在“南京事变”期间，民众反对外国势力介入的情绪高涨，一些愤怒的民众冲到金陵校区，高喊着“杀死所有洋人”的口号。中国教师带着士兵们在建筑物周围承担护卫工作，而金陵的外国教师只能躲在阁楼上。（Waelchli第100页）虽然这些外国教师最后设法安全地逃离了南京，但这次

事件却直接导致了大学行政管理中的一个转折。暴力事件之后，国民党政府明确表示，要强化对外国势力主导的地方机构领导地位的监管。正是在这种大背景下，金陵女子大学委员会选择了吴贻芳作为金陵女子大学的校长。

吴贻芳和乔治·尼科尔斯夫人
（本图片来自密歇根大学本特利历史图书馆东方女性巴布奖学金委员会档案）

对于吴贻芳自己来说，是否接受这个职位是一个困难的决定。吴贻芳原本计划是回到金陵女子大学去做一名生物学教师，而接受任命成为整个大学的领导，却是一个更让人感到担心和害怕的决定。吴贻芳在写给金陵女子大学委员会的信件当中说道：

……我听说自己有可能在这样一个过渡时期担任一个重要职位，而且我还不得不面对这样一个事实，那就是我对这样的任命并没有做好准备。因为我一直希望做生物学教学与研究工作而非行政工作。我仔细考虑了这个情况，

吴贻芳（中）和密歇根大学的两名同学
（本图片来自密歇根大学本特利历史图书馆，安·路易斯·韦尔奇档案）

也坦白地告诉夫人（即蒋介石的夫人），既然情势所迫，我就应该为南京金陵大学承担责任，接受这个决定。但这只是暂时的，仅仅是过渡而已。如果情况好转，或者如果大学委员会找到了一个更合适的人选来担任这个职位，那么，我会很高兴地退回到我的教学岗位上去。（Waelchli 第111～112页）

虽然顾虑重重，但当她于1928年夏天回到中国时，便全身心地投入到金陵女子大学校长的角色中了。那年秋天，她发表了一个“美丽动人”的就职演说，让学生们真正认识了这位“年轻漂亮的校长”，并且深深地以她为荣。（Waelchli 第119页）仅仅在头几个月的工作中，她就向大学委员会证明了他们做出的是一个多么正确的选择。卸任的前校长马蒂尔达·瑟斯顿（Matilda

Thurston）写道：“我越来越尊重和信任她的判断力和能力……我认为她已经赢得了所有教师的信任。”“鉴于吴的能力，我对金陵女子大学完全放心了。”（Waelchli 第119页）

上任不到一个月，吴贻芳就解决一个危机，赢得了金陵女大董事会和全体教职员工的满意和信任。“一位将军要强行侵占校园作为山西军阀阎锡山的临时总部”，正是吴贻芳凭借自己处变不惊的能力，巧妙运用各种政治关系解决了问题，其中包括要求老朋友的丈夫向外交部部长发出呼吁救援。（Waelchli 第120—121页）

在接下来的10年中，吴贻芳逐渐成长为国内甚至国际上的公众人物，一时誉满京城。几乎从她上任之始，吴先生就被邀请在各种会议上演讲。1929年，她作为太平洋关系研究所的代表前往日本。4年后，她在芝加哥的国际妇女大会上代表中国发言。而在美国，她“访问了33个城市，发表了200多次演讲”。（Waelchli 第139页）不仅如此，吴贻芳还加入并领导了中国的几个基督教协会，其中就包括中国基督教协会，并于1935年当选为该协会主席。在短短的几年中，吴贻芳便成为密歇根大学最著名的毕业生之一。“到了20世纪40年代初，她在美国的某些群体中已非常出名，甚至被称为中国名列第二的重要女性，仅次于蒋介石的夫人兼国民政府的外交使者宋美龄”。（Waelchli 第138页）

金陵女大与国民党军队曾有过节，处境堪忧。吴贻芳上任早期，能力遭受质疑，主要原因也源于此。可到了20世纪30年代，这种危机已慢慢得到化解，“吴贻芳与蒋夫人宋美龄成为好朋友”，自然也就“支持了蒋介石”。吴贻芳开始接受蒋介石的社交邀请，并在几次全国性的会议和晚餐上与蒋总裁并肩而坐。1934年冬季，金陵女大邀请蒋介石和夫人参加了毕业典礼。蒋介石还专门在此典礼上发表了演讲。1936年，西安事变爆发。听到这个消息，吴贻芳马上赶到宋美龄身边。金陵女大也因此取消了假期计划，吴贻芳几乎全力以赴与蒋夫人一起奔走呼吁，消除政治异见，直到危机消除。蒋总裁安全回到南京，吴贻芳才亲自通知教师和学生恢复学院的正常工作。（Waelchli 第143页）

吴贻芳担任校长职务的金陵女子大学，是中国少数获得认可的女子学院之一。她也是当时担任此类要职的唯一一位中国女性。正是这样一个位置，将她推向了国内和国际舞台的中央。虽然在接受这个职务之前，她还从未有过领导经验，但她却以优雅和轻松的方式担当起这样一个新的角色，甚至连蒋介石也对之赞赏有加。

不仅如此，抗日战争全面爆发才是对吴贻芳领导能力的真正考验。随着日本军队推进到中国东部沿海，准备入侵华南地区，吴贻芳开始通过各种活动，以不同形式带领她的学校和国人积极投身抗日救亡运动。吴贻芳与宋美龄密切合作，经营了一个基督教组织，做了大量的救灾救助活动，安慰和指导了她的学生们在南京躲过了第一次空袭，并给予外国教师必要的意见——撤离南京。总而言之，正像一位同事描述的那样，她俨然是一个“勇敢无畏的将军，身经百战，经验丰富，如磐石般屹立不倒，经受住了重重严峻的生死考验”。（Waelchli 第172～173页）

不过，随着战争的升级，国民政府下令南京地区所有的大学关闭撤离。金陵女大遵从国民政府指令，严密组织实施。他们解散了所有班级，裁撤了紧急委员会的骨干队员之外的其他部门，并在内陆开设了数个较小的临时分支机构。金陵部分外籍教师没有听从领事馆的意见，仍然留在南京，“以便利用合法身份继续进行民间救助工作”。（Waelchli 第171页）在战争的第一年年底，眼看南京就要被入侵，在同事们和大学委员会的再三催促之下，吴贻芳才勉强同意撤离。那年12月份，吴贻芳校长终于妥协，登上了一艘英国轮船离开了南京。“吴贻芳刚刚离开南京，长江的航运就被封锁了。”（Waelchli 第175页）

尽管她在武昌的临时前哨站继续管理着金陵女大，但离开她的学校和她的同事，把他们置身遍地狼烟的战场，让吴贻芳有了一种类似逃兵的感觉。面对满目疮痍的城市，她深深地感到内疚。正如她所说的那样，那段时间是“我最痛苦的经历”“在船上，我没有一刻平静和安宁，想到被我扔下的大学委员会，想到还有许多没有撤离的教师和职员，我的内心就忐忑不已。”（Waelchli 第174页）没过多久，吴贻芳就开始重新考虑不关闭学校的决定。正如她所写的那样，也许，应该由她来带领大家“渡过那些无比艰难的日子……如果大学要继续运行，我已经准备好了”。（Waelchli 第175页）

不能回去也许是一件好事。因为从她1937年12月1日搭乘最后一艘驳船离开算起，仅仅11天后，也就是12月12日，“唐生智将军所指挥的保卫城市的部队突然弃守，并撤离了南京”。（Waelchli 第

176页）之后，日本士兵大量涌入城市，南京发生了震惊中外的“南京大屠杀”事件。几十万南京军民惨遭不幸，遭受强奸、抢劫、纵火和杀戮。在危难之际，金陵女大变成了一个避难所，帮助成千上万的妇女和儿童逃避恐怖。紧急委员会在校园墙上挂着美国国旗，以遏止日本士兵的侵入。当这个方法不奏效时，一位名叫米妮·沃特林（Minnie Vautrin）的女性直面抢劫的士兵，尽自己最大的能力保护学校里的难民，使许多人免遭杀戮。

战争后期，吴贻芳继续领导搬迁到成都的金陵女大。其中，一系列必须面对的实际问题接踵而至：吸引合格的学生，找到新的教师，获取办学资金，在价格飞涨时期保证学生的正常饮食。尽管重任缠身，吴贻芳仍然挤出时间做出政治上的努力。除了战争中救死扶伤的工作，吴贻芳还被选进国民党议会机构——国民参政会。最终她被选为国民参政会的5人主席团成员之一，主席团成员包括蒋介石。（Waelchli 第233页）她不仅是整个200名国民参政会中的10名女性之一，而且是精英主席团唯一的女性。就像她刚刚赢得金陵女大的新校长职位一样，吴贻芳很快就被认为是主席团最有价值的成员。当地报纸称赞她为“最好的领导，才华出众，工作努力，处理动议严谨缜密”。（Waelchli 第233 ~ 234页）

1945年，她迎来了她的职业巅峰时期：吴贻芳被选为派往旧金山会议制定联合国宪章的九名中国代表之一（也是唯一的女性）。尽管学校的工作已使她焦头烂额、身心疲惫，但吴贻芳还是接受了这一委派。在那时，她把中国在联合国五大常任理事国中的地位视

1945年，吴贻芳（右三）与中国代表团在旧金山联合国峰会
（本图片来自联合国图片图书馆）

1945年，吴贻芳在联合国峰会期间发表演讲
（本图片来自联合国图片图书馆）

为走向统一国家和协商政府的又一重要步骤。面对中国共产党和国民政府的持续冲突，吴贻芳认为中国还有更多的工作要做：

> 中国作为联合国五大常任理事国之一，必须要建立强大的民主和工业化，以支持我们尊重国际法和司法的道德立场。我看到了我们国家的美好未来，但这取决于我们的政府和人民怎么回应。（Waelchli 第251页）

吴贻芳花了大量的时间投入这项事业中。中国内战结束后，她依然为金陵女大四处奔走。她完成了南京校园的重建，完成了走向社会主义的过渡，也消除了可能遭到新政府政治上报复的担忧，以及消除了越来越多的直接威胁到金陵女大的外国教师安全的反美情绪等，吴贻芳无一不尽心周旋。直到1951年，形势迫使外籍教师大批辞职，吴校长又积极参与各方协调，最终达成金陵女大与南京大学的合并。新中国成立后，吴贻芳历任江苏省教育厅厅长、分管教育的副省长、全国妇联副主席等职务。1979年吴贻芳荣获美国密歇根大学“和平与智慧女神奖”。

吴贻芳能够得到学生和同事们的爱戴，也受到当地领导以及国家领导的重视，是因为她是一名理想的领导者。她尽心竭力地为学生和职员的福利着想，比如主动把演讲获得的额外收入上交学校。她在任何情况下都能看到最好的前景，能在复杂的政治环境下游刃有余地工作。然而，无论怎样，吴贻芳依然保有她批判性的一面：多年来，她通过演讲和写作针砭时弊。只要对她热爱的大学和国家有害，她就批评，从来不计较自己个人的得失。

巴布的精神遗产

历史已充分见证了莱维·巴布（Levi Barbour）的慷慨和远见卓识，同时也显现了那个时代中国许多“离经叛道”寻求教育之路的志向远大、聪明智慧的女性。显而易见，值得去探讨和研究的巴布学者们远不止于此，一个章节甚至一本书都是不够的。吴贻芳和丁懋英只是许许多多值得关注的巴布学者中的佼佼者，这样的学者还有王世静（Lucy Wang）。在吴贻芳当选金陵女大校长之后不久，王世静也当选华南学院校长。此外还有著名的剧作家李曼瑰，等等。巴布奖学金学者们的成就斐然，专门成集也只能窥其冰山一角。

王世静（Lucy Wang）（左一）与巴布奖学金同学

（本图片来自密歇根大学本特利历史图书馆东方女性巴布奖学金委员会档案）

参 考 文 献

[1] Barbour, Levi L. *College Training for Professional Men.* Lansing, Mich.: R. Smith print. co., 1897.

[2] Barry, Sara and Jennifer Grow. "To Boldly Go". Mount Holyoke College Alumnae Association. http://alumnae.mtholyoke.edu/blog/to-boldly-go/.

[3] Bordin, Ruth B. "Levi Lewis Barbour: Benefactor of University of Michigan Women." *Michigan Quarterly Review*, vol. 2, p. 36, 1963.

[4] Faerber, Karen Irene. "The Levi L. Barbour Scholarship for Asian Women". Eastern Michigan University. Proquest Dissertation Publishing, 1994.

[5] Lake, Marilyn. "The ILO, Australia, and the Asia-Pacific Region". *The ILO From Geneva to the Pacific Rim: West Meets East.* ed. Jensen, Jill. Houndmills, Basingstoke, Hampshire: Palgrave Macmillan, 2016.

[6] Paisley, Fiona. *Glamour In the Pacific: Cultural Internationalism and Race Politics in the Women's Pan-Pacific.* Honolulu: University of Hawaii Press, 2009.

[7] Semenza, Nevada. "China's Great Need for Women Leadership Finds Its Answer in the Halls of Jinling, Cathay's Edition of America's Smith College". *The China Press (1925-1938)*: 11. Jul 22 1931. *ProQuest.* Web. 13 Feb. 2017.

[8] Ting, Evelyn Kay. "Me-Iung Ting x1916". https://www.mtholyoke.edu/~dalbino/letters/women/mTing.html.

[9] Ding, Maoying. Letters to Abby Turner, 1915-1950. The Me-Iung Ding Letters. Mount Holyoke College. https://www.mtholyoke.edu/~dalbino/letters/mDing.html.

[10] Waelchli, Mary Jo. "Abundant Life: Matilda Thurston, Wu Yifang and Jinling College, 1915–1951". Order No. 3059344 The Ohio State University, 2002. Ann Arbor: *ProQuest.* Web. 13 Feb. 2017.

[11] Xiong, Rosalinda. "*Jinling College, the University of Michaigan and the Barbour Scholarship*". Singapore: Rosalinda Xiong, 2016.

第四章

世纪之交的知识分子

虽然有在几千年历史长河中取得的文明成就，但是在19世纪末，中国依然还在科学技术滞后的局面中步履蹒跚。从19世纪中叶的鸦片战争以及接下来签订的灾难性条约来看，没有自己的工业革命，中国在全球技术竞争中处于落后地位。虽然清政府也做出过改革的努力，但终究还是没有能够追赶上别的国家。

不过，接下来的民国时期开始有了变化。其后的几十年里，中国成立了其最为著名的大学及学术机构，包括1898年成立的北京大学、1911年成立的清华大学以及1928年成立的中央研究院。在这些年代里，年轻的中国学子留学归来，把所学的专业知识带回来，帮助培育建设新的学科领域。几位毕业于密歇根大学的留学生就做了这样的工作。郑作新曾就读于密歇根大学，后来成为中国首屈一指的鸟类学家。他撰写了权威著作，开启了中国鸟类学的研究。吴大猷是最早拿到理论物理学学位的三个中国人之一，常被誉为“中国物理学之父”。吴经熊则是一位法学家和哲学家，他和很多当时最重要的思想家都是挚友，同时他也是中华民国首部宪法的缔造者。

这里所列举的三个人都是密歇根大学的毕业生。他们毕业之后都建立了相关学科并推动了其发展。从那时起，一大批像他们一样，在现代科学领域做出杰出贡献的专家如雨后春笋般在中国不断涌现。

郑作新：中国鸟类学之父

郑作新出生于1906年。从孩提时代起，他就对大自然十分痴迷。郑作新8岁时母亲去世，他由祖母抚养成人。他们居住在福州这个港口城市。半个世纪以前，柯林斯先生（Judson Collins）曾来这里传教。福州位于闽江入海之处。一次偶然的机会，郑作新的祖母让他去江边捉螃蟹好当晚餐。没想到他捉了足够多的螃蟹，除了食用，“多余的就放在鱼缸里供他学习研究”。（Rank）

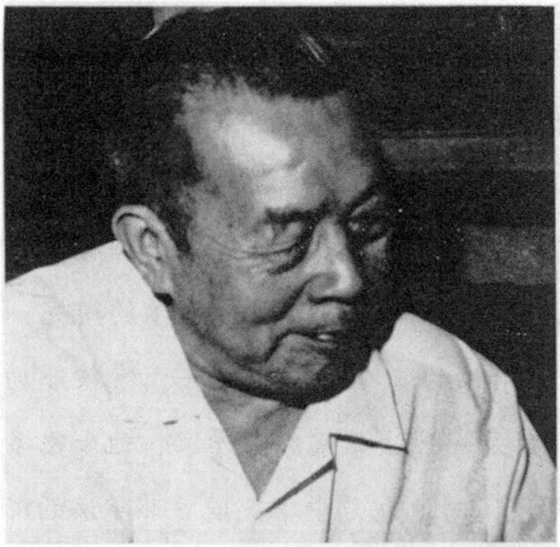

郑作新在北京动物学研究所（1978年）
（本图片来自美国鸟类学学会）

郑作新的父亲和叔叔都是学者。从他们那里，他学习了一些英文。15岁的郑作新进入福州的基督教大学继续深造生物学，并于1926年毕业。在就业于密歇根汽车厂的表弟的鼓励下，他考取了密歇根大学动物学系的研究生（Rank）。虽然郑作新已经成年，但仍然表现出对鸟类的浓厚兴趣。他讲述了自己小时候如何在福建“碰到过朱鹮——现在世界上最稀有的鸟类之一”。另一则轶事则描述了郑作新早在小学时就能通过鸟的声音来识别鸟类。后来他选定了鸟类学作为他的主修学科。（Rank; Hsu, “In Memorianm”第540页）实际上，郑作新在博士阶段研究主攻的是胚胎学。他曾撰写了一些关于青蛙如何交配的论文。

当郑作新获得博士学位后，他决定转专业。1930年夏天，刚毕业不久的他参观了密歇根大学的一个博物馆。在那里他看到了一个“金鸡鸟样本（很可能是红腹锦鸡）。这是一种中国特有的品种，鲜亮的羽毛夺人眼球。他一下子被这种鸟的美艳姿态惊呆了。但更使他震惊的是，这种中国本土鸟类居然要由外国人来研究和命名！于是，他当时就决定把事业的重点转向研究中国的鸟类”。（Gao）

在接下来的20年里，郑作新在他的领域中取得了一系列斐然的成就。1930年回到中国后，郑先生在母校福建协和大学（FCU）担任“生物系教授兼系主任”。（Rank; Hsu, “In Memorianm”第540页）4年后，他成立了中国动物学会。这个组织直到今天仍然在继续推动科学交流、发表研究成果和资助青年教育。“二战”期间，日本军队入侵中国，福建协和大学被迫撤离到内地。郑先生并没有放弃研究，而是发表了多篇关于该地区鸟类的文章，并组织相关学者在武夷山附近进行考察研究。（Gao）战争结束之前，郑作新被邀请到美国担任客座教授。回到福建协和大学后，“他成为科学院院长兼本科和研究生院长”。（Rank; Hsu, “In Memorianm”第540

页）他的著作《中国鸟类分布名录》成为中国第一部鸟类研究的专著。1950年，郑先生移居北京。在这里，他成了中国鸟类研究之父，3年后，便成为动物研究所的首席鸟类学家。他成立了北京自然历史博物馆之后，又被任命为中国科学院鸟类研究所所长。

20世纪50年代末，是郑作新职业生涯中的一段艰难时期。1958年，全国上下迅速动员，以实现国家工业化。在这个运动中，最有名的一部分内容便是“除四害”运动：老鼠、苍蝇、蚊子和麻雀一起打。虽然麻雀不像其他三种会传染疾病，但是它们吃粮食，导致人民遭受饥饿，于是也成了众矢之的。当时政府鼓励群众尽可能地杀死麻雀，打碎鸟蛋，敲锣打鼓不允许它们落地休息。最后，这场运动与预期的效果完全相反，因为麻雀数量急剧下降致使蝗虫数量急剧增加。

作为一名鸟类学家，郑作新早已预知“除四害”运动是错误的。尽管他缺乏政治影响力，但他还是“竭尽全力反对”这一运动。在1979年的一次采访中，郑作新才停止了批评，缓和了自己的态度：

> “除四害”运动之后，毛主席指出，对于麻雀，需要研究它们所造成的危害以及对果园和农场的益处。鸟类学家这才回到了基本问题上。（Grimm and Cheng 第106页）

在“文化大革命”期间，郑作新的专业知识、生活和工作都受到了考验。“破四旧”（旧思想、旧文化、旧风俗、旧习惯）的妖魔化与中国知识分子的理想发生了冲突。郑先生也是其中一个，最终他也被迫接受劳动改造。他“被囚禁在牛棚里，打扫院子和清洁厕所”。（Rank）然而，在之前提及的1979年的采访中，郑先生描述了他是如何在这些艰苦环境中依然坚持工作的：

> 许多教授都被送到农村改造，只有极少部分教授能够侥幸继续工作，我便是其中之一。大部分时间我都在修订脊椎动物分类教科书，进行一些鸟类学调查。然而，大部分的科学工作都被迫停止了，各种社会工作也停止了。（Grimm and Cheng 第106页）

经过“文革”的“洗礼”之后，郑作新终于充满热情地回到了他所热爱的事业中。他出版、发表了大量研究成果和相关资料，其中包括著名的《中国经济鸟类志》。此外，他还与中国科学院合作进行了生态保护方面的研究工作，同时还被中国科学院推选为国际会议的首席代表，和日本进行谈判。1988年，郑作新荣获美国野生动物协会颁发的“国际性科学成就特别奖”。

1998年，一代鸟类学大家郑作新去世，享年92岁。他一生投身于中国鸟类和野生动物的研究中，是现代中国鸟类学的奠基人。

吴大猷：中国物理学之父

吴大猷的早年生活常穿梭于中国北部和南部城市之间，即从香港西北部潮湿的亚热带城市广州到北部港口城市天津。吴大猷出身于书香门第：吴先生的祖父取得“科举应试最高学位——皇帝钦点的状元，并成为皇家翰林院院士”。吴先生的父亲虽然不是状元，却也考中进士。在中国封建社会里，这是万人仰望的荣誉顶峰，加官进爵的大门从此敞开。吴先生的父亲是政府要员，起初是担任“中国驻菲律宾大使馆”的外交官，后来担任伪满洲国的一名地方官员。（《吴大猷传记》）

吴大猷和母亲跟随父亲北迁，在伪满洲国做了短暂的停留之后，于天津定居。但不幸的是，他的父亲上任后不久，就死于瘟疫。10年间，吴大猷和母亲游走于各地亲戚家。

吴大猷
（本图片来自纽约州立大学布法罗分校吴大猷纪念演讲）

尽管父亲早逝，家道中落，但吴大猷最终还是继承了家族的学术衣钵。虽然他后来成了中国现代物理学的领军人物，但刚进入天津南开大学时，

吴大猷幼年
（本图片来自纽约州立大学布法罗分校吴大猷纪念演讲）

除了年轻气盛，他还“从来没有想到过要成为一名物理学家”。（Hsu,“Scientific Research”第1页）作为一名大一新生，他选择了矿业学院，因为他看好这个专业的就业前景。更确切地说，吴大猷认为“他的理解和分析能力比他的创造力更好”，这恐怕更适合采矿。幸运的是，由于缺乏资金，矿业学院关闭。他反而有了证明自己真实能力的机会。于是，吴大猷转到了物理系。尽管他的所有课程都通过了，但直到大二学年，姚玉泰“现代物理”的讲座才在他的心里点燃了好奇的“燎原之火”。（Hsu,“Scientific Research”第2页）

尽管他满腔热忱，但在毕业时却并没有获得清华大学的留学奖学金。之后的5年，他在南开大学任教，私下里继续学习。他利用业余时间阅读了阿诺德·萨莫斐尔德和麦克斯·浦兰克等物理学家的著作，并将其翻译成中文。同时与高年级学生们组织了一个“研讨会”，研究和讨论高等物理学。（Hsu,“Scientific Research”第2页）1931年，吴大猷再次申请研究奖学金，并获得了成功。在中国教育文化促进基金会的资助下，吴先生进入了密歇根大学物理系。

在密歇根大学，作为科学家和研究学者的吴大猷声名鹊起。几十年后，吴大猷在密歇根大学以他的名义召开的学术会上，还能够回忆起他刚到安娜堡的那个秋天，以及第一学期所学的全部课程。学生时代，他求知若渴，全身心地投入到学业中。吴先生谈话中的大部分回忆都是关于他的研究、导师和学术上的突破。虽然他的论文在出版时没有得到科学界的重视，但已经被认为是“超前”的著述，是先于格棱的有关超铀元素的先驱之作。（Hsu,“Scientific Research”第3页）吴先生谦虚并幽默地描述了他在密歇根大学的时光。他说：“很明显，我有最好的机会在物理学上取得良好的开端，可惜我的能力没有匹配上我的机会。”（Wu,“Reminiscences”第26页）

吴大猷与理论物理学家保罗·狄拉克（Paul Dirac）

（本图片来自纽约州立大学布法罗分校吴大猷纪念演讲）

这显然是一种低调的自谦——事实上，他的能力远远超过了他的机会。1933年，吴先生在入校后，仅用了两年的时间就在密歇根大学获得了博士学位。一年后，吴先生回到中国。闻名遐迩的北京大学邀请吴大猷和他原来的导师姚玉泰教授到物理系工作。吴先生为他的新单位乃至整个中国带来了实验研究经验：敏锐的好奇心和“全新的物理学”。（Hsu，“Scientific Research”第4页）即使面临战争威胁，从他回国到抗日战争全面爆发前的3年时间里，他也取得了卓越的成就。除了他正常的教学任务和与其他教师的合作，还在“美国、英国和中国物理学杂志上发表了15篇论文”。（Hsu，“Scientific Research”第5页）

天津是距离北京很近的港口城市，紧随北京落入日军之手，那里是吴氏的童年家园。1937年夏天，在战争开始之后不久，天津就沦陷了。这意味着国门已经被撕开一道裂口，日本侵华几乎阻碍了一切进展。1937年冬天，中国最好的几所大学——清华大学、北京大学和南开大学——共同组建了流亡临时大学。他们移至内地云南昆明，后来被称为“西南联合大学”。（Hsu，“Scientific Research”第6页）

童年时期的吴大猷居无定所。抗战时期，他同样颠沛流离，好在侥幸生存了下来。然而，时代艰难。他的妻子（他在南开大学最心爱的人）在这个时期病危。（Hsu，“Scientific Research”第8页）吴先生独自照顾妻子，担起了所有的生活重担。购物、做饭，总是担心战时通货膨胀和食物短缺。不过，不管怎样，尽管物资匮乏，生活困难重重，可吴先生依然在自己的学术领域内取得了累累硕果。他利用这段时间写了一本书——《多原子分子的振动光谱和结构》，一本“开创性的书”和“当时该领域唯一的书”。（Hsu, “Scientific Research” 第6页）后来联合大学“实验室空间不足，难以进行实验研究”，吴先生就在自己家里搭建起了一个小小的临时实验台，继续孜孜不倦，潜心研究。

苍天不负有心人。吴大猷的辛勤付出终于有了回报：在他的指导下，许多学生取得了非凡的成就。其中，最著名的当数杨振宁和李政道。杨振宁在吴教授的指导下完成了他的硕士论文。而当时李政道更为年轻，他于1945年来到吴先生的门下时，还是一个“胖胖的十几岁男孩”。（Hsu, “Scientific Research” 第8页）李政道是一个极有天赋和不可多得的学生，他希望得到吴的帮助成为西南联合大学的正式学生。吴先生说服学校允许李政道旁听一些课程，并允诺如果他可以

吴大猷与他的得意门生、诺贝尔奖得主
杨振宁（左）、李政道（右）
（本图片来自纽约州立大学布法罗分校
吴大猷纪念演讲）

通过期末考试，他将被录取。考试对李政道而言当然是一件轻松愉快的事了。

吴大猷和他的学生、诺贝尔奖得主李政道
（本图片来自纽约州立大学布法罗分校吴大猷纪念演讲）

> （他）每天都来看望吴大猷，索要更多的书籍、文章以及家庭作业……有时候，吴教授会给他读很难的书，布置很难的题，希望能减少他每天光顾的频率。然而，无论怎么难，李总是会快速读完，然后回来要求更多。（Hsu，“Scientific Research”第8页）

1957年，杨振宁和李政道被授予诺贝尔奖。杨先生一得知这个消息，当即写信给他的老师，表达“深切的感激”之情，同时表示他的研究“直接或间接归功于15年前从老师身上得到的启发”。

“二战”结束后，中国内战又拉开了序幕。北京的情况仍然很复杂，“大学和教授们面临一个非常困难的时期”。（Hsu，“Scientific Research”第9页）吴大猷没有回北京，他接受了密歇根大学的邀请，成为一名客座教授。他从安娜堡前往纽约成为哥伦比亚大学的教授。然后在1949年，应加拿大国家研究院的邀请，吴大猷前往加拿大，主持理论物理组工作。从此，吴先生在加拿大开始了长时间的“无间断”工作。直到1963年他辞去加拿大国家研究院的职务，赴美国纽约州立大学任职。

吴大猷与美国前总统布什和第一夫人芭芭拉·布什

（本图片来自纽约州立大学布法罗分校吴大猷纪念演讲）

虽然任职异国他乡，但吴先生仍然为中国科学界继续倾注了大量时间和精力。1949年以后，国民党败退台湾。吴大猷发现自己能够尽些微薄之力。于是，他在中国台湾待了几个夏天，教授课程，并受“中央研究院”之邀做讲座。最后，他搬到了台北。在后半生里，吴先生矢志不移地致力于推进科学研究和科学教育。他协助建立了中国台湾地区“行政院国家科学委员会”，并担任了几年主任委员。此外，他撰写了几本关于理论物理学的中文教科书，他还曾代表中国台湾教育部门开始“对初高中科学课程进行全面审查和重组”。同时，还担任了中国台湾地区“中央研究院”院长，推行“提高研究效率的任期制、问责制”，为该机构的现代化铺平了道路。（Chun，《吴大猷传记》第583页）

吴大猷

（本图片来自密歇根大学本特利历史图书馆校友会个人相册）

作为一名科学家和领导者，吴大猷的创造力和热情对他的学生、同事和后辈科学家都影响深远。关于这点，他的同事以及接替他行政职位的后辈们都有共识，且都交口称赞。他的一位姓许的学生曾写道：“比起任何其他人，无论在中国大陆还是在中国台湾地区，吴大猷都被公认为是将中国物理学提升到目前水平贡献最大的学者。可以这么说，中国台湾地区科技发展至今天，很大一部分是他努力的结果。”（Hsu，“Scientific Research”第11页）

吴经熊：法学家、神学家和建筑师

吴经熊非常博学，曾在全球各地多所大学求学。吴先生与美国最高法院法官奥利弗·温德尔·福尔摩斯（Oliver Wendell Holmes）和神学家托马斯·默顿（Thomas Merton）均是至交。吴先生还将中国诗歌和哲学翻译成英文，其中还包括他自己关于法律哲学和案例的书籍和论文。然而，吴先生最重要的贡献是他曾任上海临时法院的首席大法官，帮助中国建立起了法律制度，并参与起草了《中华民国宪法》。

吴先生出生于1899年。那一年，义和团使用暴力反抗西方在政治、文化和经济上对中国主权的侵犯。《辛丑条约》签订后，中国对西方世界敞开大门，开放的不仅仅是贸易体系，还有整个司法和政治制度。（Zhang 第199页）西方国家在上海这样的港口城市不断强化自己的阵地，首先是通过获得租界里的行政权力，然后确立独立法院制度的法律权力，以获得对他们国家公民的法律裁决权。

中国法律界学者抵制了这种对独立性的侵蚀。例如，1912年，12名中国律师组成了上海律师协会（SBA）。他们“对外国租界具有的治外法权感到十分愤慨，这意味自己国家的独立性不再完整”。（Zhang 第200页）十几年之后，受过西方教育的吴经熊博士来到上海，推动中国恢复独立，建立现代的法治传统。

吴经熊的自传《超越东西方》为我们展现了他早年生活中丰富多彩的细节。他于1899年春天出生在宁波市，那是距离上海非常近的一个南方小城，与上海隔海相望。在书中，他写道，在工业时代以前的年代，这个城市充满了活力和奇迹：

> 太阳、月亮、星星、风雨、狗、猫、鸟儿、花草等，在宁波人眼里，似乎比其他任何地方都被赋予了更多的人格特征……宁波人享受生活的恩赐，正如饥饿的美国小学生会喜欢一只热狗。（《超越东西方》第14页）

吴经熊出生于一个大家庭，既有一个“小妈”（生母），又有一个“大妈”（他父亲的第一个妻子，也是正房夫人）。“没有人是完美的，我的继母大妈有她的毛病，而最大的毛病就是嫉妒我的生母小妈。她喜欢孩子，但又不喜欢他们的母亲。”（《超越东西方》第35页）在那个时代，这是每个大家庭共有的复杂关系。尽管有这些矛盾，但吴经熊和他的大妈感情仍然很深：“我梦见她的时候比梦见其他任何人的时候都要多，比其他任何人都更频繁。每当我想起她来，为她流的泪也是最多的。”（《超越东西方》第33页）当他年仅4岁时，生母就去世了。当他10岁时，又失去了他的父亲。“我生命中从没看到过如此凄美的死亡。”关于父亲的逝世，吴先生写道：

> 临死前，他有好几个小时一直处于迷糊状态。他躺在床上，不时地看看窗外，嘴里不断地喃喃道：“看啊，八位菩萨（神或天使）要把我带到天堂去了。你们大驾光临！

我何能何德啊？！”（《超越东西方》第24页）

5年后，吴先生的大妈死的时候，他就再也没有那种平静了。那时，他已经15岁了，正患伤寒。一天早上醒来后，突然发现大妈竟然死在了自己的床前，照顾他的压力和疲惫导致了她的大脑血管破裂。“她用自己的命换回了我的命……几个月后，我才慢慢恢复了状态。后来的几个月里，我的精神几乎崩溃了。”（《超越东西方》第37页）

处置悲伤的最好方法莫过于忘记悲伤。15岁的吴经熊开始专心致志投入到自己的学业中。他先在萧山专科学校读小学，那时他就发现自己特别喜欢物理学和自然科学。可是这种热情并没有持续多久，一场化学实验事故浇灭了他的热情。他写道：

> 我想看看氢气如何在瓶子里燃烧。我尝试用火柴点燃它，但是瓶子立即爆裂成了碎片。我居然没有受伤……我开始怀疑，像我这样无法控制自己的异想天开、好奇心又极强的人是否适合做化学研究。（《超越东西方》第56页）

很快，对法律的研究兴趣取代了对自然科学的着迷，因为“当我第一次听到‘法律’一词时，我的心跳明显加快了”。“在我看来，法律是社会科学，就像科学是自然规律一样”。（《超越东西方》第56页）1916年，吴经熊入读天津北洋大学法学院，1917年转入上海的中国比较法学院。

吴先生在比较法学院待了3年时间。这3年的光阴决定并预示了他后来的职业生涯。正是在这个学院，他练就了一口流利的英语，成了一名基督教徒，并决定前往密歇根大学法学院求学。1920年，吴先生毕业时的比较法学院院长就是从密歇根大学法学院毕业的。1920年秋天，吴经熊开始了他的美国之行。当时，他对宗教已经达到痴狂的程度。“作为一个狂热的基督教徒，在同舱室友很快睡着之后，我会溜出房间，来到船尾开始祷告。无论在舱内还是在船舷，我都可以跪着祷告一个小时左右。”（《超越东西方》第75页）然而，到达美国后，吴经熊发现，自己竟然日益痴迷于“世俗的学习”，同时对美国这个“基督教国家”的幻想破灭了：

> 不知不觉中，我对基督教的兴趣和信仰渐渐消失了。我不再祷告，不再去教堂。当我听到美国同学用最不敬的方式以基督的名义发誓时，我觉得很震惊、恶心。在学校看门人的宿舍里，人人都希望在未来成为百万富翁。我惊奇地发现，原来全能的美元才是美国的真神！（《超越东西方》第76页）

在这个充满信仰的地方，吴先生像他父母去世后的那段时间一样，再次全身心地投入到学业中。大家都说，他是一个极有天赋的学生。他的许多导师都曾表示过对他个人“感兴趣”。其中包括一位名叫德雷克的教授，他甚至称吴经熊为“神童”。（《超越东西方》第89页）吴先生自己在大学里当然过得十分舒适。“安娜堡是一个让人感到亲切和舒适温暖的城市。人们和善而富有同情心。在安娜堡的生活和学习是我生命中最快乐的时光。”（《超越东西方》第89～90页）

这段时间也是吴经熊作为一个学者开始崭露头角的时期。1921年3月，他在《密歇根法律评论》上发表了他的第一篇文章《中国古代法典和其他来源的中国法律与法律观念》。正如他自己所说，他这篇“法理处女作”让他与最高法院奥利弗·温德尔·福尔摩斯法官结下了不解之缘。见刊之后，他就急不可耐地将这篇文章直接寄送给了福尔摩斯，并附言道，中国古代的法律思想和福尔摩斯的思想异曲同工。福尔摩斯收到了此文。但是，还没有阅读，他就回信告诫吴经熊，而正是这个告诫成了佳话：

吴经熊。拍摄于1930年。此照被作为礼物送给了奥利弗·温德尔·福尔摩斯，题词是“献给我的知识教父”

（图片来自密歇根大学本特利图书馆）

一个人不要急于求成。所以，希望你不要逃避推卸生活中的细微琐事和艰辛困苦，首先要学会一个一个地克服，然后方能成大器。一个人必须先当好士兵，才有成为将军的可能。（Zhang第204页）

显然，福尔摩斯是错把吴经熊看成了一个自不量力的学生。然而，当福尔摩斯读完这篇文章后，他立即写了一封道歉信：“我……发现，我面对的是一位学识渊博的学者。对于我粗浅的意见，他或许会一笑置之。希望您认为我的无知是出于善意的。”（《超越东西方》第88 ~ 89页）

一位“八十岁高龄的老人”能对他的文章如此评价，这件事使得吴经熊兴奋不已。在福尔摩斯余生中，两人一直保持书信往来，交换生活和法学专业方面的意见，讨论在神学方面的不同看法，并就进行中的研究提出批评和反馈意见。对于吴先生来讲，这种友谊与交流相当于是进修法学学位一样的学习机会，同时也标志着吴经熊已经万事俱备，可以参与全球法学对话了。

1921年，吴经熊从密歇根大学法学院毕业。几年后，他周游各国，开始了研究和学习之旅：首先是“在卡内基国际和平基金会奖学金的支持下，去了巴黎大学”，然后到了德国柏林大学，在“知名的新康德法律哲学家鲁道夫·斯塔姆勒（Rudolph Stammler）”名下学习，然后又回到美国，被哈佛法学院任命为研究员。（Zhang第206页）

直到1924年，吴先生才回到中国。当年离家的时候，他已经有了一个年轻的妻子和家庭（在旧的传统中，他们结婚很早，那时吴经熊才17岁。这个婚姻是由吴的父亲在他6岁时包办的）。久别重聚，他立刻被家庭的温暖和快乐淹没了：

> 当我离开时，我的两个儿子还在牙牙学语。他们看着我，满脸疑惑，仿佛一个陌生人闯入了家中。直到妻子告诉他们，让他们叫“阿爸”，他们才跳进我的怀抱。我感到了真正的幸福。（《超越东西方》第107页）

此后，他一直在他的母校——中国比较法学院——从事法学教学工作，内容涵盖法律、哲学、罗马法等。（Zhang 第207页）

回到上海3年后，吴经熊的公众形象发生了天翻地覆的变化。首先，中国比较法学院“任命他为第一主管”；院长称他为“天才，智慧超群，但有点难以捉摸”。（Zhang 第209页）上任后，吴经熊不辞辛苦，积极增加新的课程，扩大学院图书馆馆藏，加入了新版《中国法律评论》顾问委员会，还创立了“旨在促进文化理解”的杂志《天宪月刊》（*Tien Hsien Monthly*）。（Zhang 第210页）但是，最引人瞩目的还是吴先生于1927年被任命为上海临时法院首席大法官。1926年协议用新的临时法院取代了旧的混合法庭。这项行动将中国的法律主权大大地向前推进了一步。

这个新职位带来的机会让吴先生欣喜不已。他写道：“现在，我有很多的机会在法律上做创造性的工作了！我会尽心竭力让中国法律体现出福尔摩斯先生的法律思想。”（Zhang 第113页）终于，

吴经熊（左二）和哈佛大学法学院院长罗斯科·庞德（Roscoe Pound，右二）
及中国比较法学院其他4位知名人士和官员
（本图片来自哈佛大学法学院历史与特别收藏馆）

吴经熊有了用武之地。然而，上海的外国势力对这种抵制治外法权的行为非常不满。他们“质疑中国法官是否具备明智地、公正地执法的能力，质疑中国是否建立了由行之有效的法律组成的法律体系，质疑中国法庭系统是否能够廉洁执法”。（Zhang 第213页）如此的质疑，不一而足。

吴经熊接受并赢得了挑战，这使他迅速赢得了大众的支持。他写道：“1927年是我事业发展中最开心顺利、最得意的一年。我觉得我正在按照自己的司法见解去构建、塑造中国的法律。”两年后，吴先生被任命为临时法院院长。他不仅赢得了官司，更赢得了报界和当地民众的尊重。当他的妻子去买东西时，当地人甚至都不会收她的钱。在一场庭审之后，“一份美国报纸用‘所罗门法官判案’这样的标题来评价这场司法程序”。（《超越东西方》第114页）换句话说：

吴经熊的裁决不仅表明了他深刻、全面了解国际法、中国传统法律及准则、新近颁布的中国法律，更为重要的是，他洞悉这些法律之间的关系。同时，这也表明吴经熊有能力因地制宜，并将法律应用于实践当中。（Zhang 第213页）

他消除了在上海的外国人对中国法律体系产生的恐惧。事实证明，即使那些外国人也不得不承认，以前所有的质疑完全都没有必要。

但到了1930年，吴先生在学术上和精神上变得躁动不安，便离开了法庭，转而从事私人律师业务。他写道：“仅仅一个月，自己挣的钱比同时作为法官和教授的全部薪水加起来都多。”（《超越东西方》第133页）这种生活持续了几年，正如他所描述的那样，外表光鲜，内心堕落：

渐渐地，我的客户开始邀请我去参加他们在“花房”举办的各种聚会。作为礼尚往来，我也在同样的地方搞聚会招待他们。我已经成了一名名副其实的花花公子，而自己却浑然不觉。两年半的时间里，我几乎每天晚上都是花

天酒地。现在想起来那些日子都有一股地狱的味道。（《超越东西方》第133～134页）

那些花天酒地的日子，加上和妻子之间的疏远，使得他感觉更加天昏地暗："我们之间没有共同语言，我在家里备感孤独"。吴觉得个人生活的混乱也正反映了"国家的混乱状况"。（《超越东西方》第135页）

1933年，吴经熊遇到了千载难逢的机会，他借此逐渐摆脱了这种混乱的局面。他放弃了在上海的律师业务。他在上海法律界的成就引起了更广泛的重视，从而被选进了中华民国立法院。由于对法律的敏锐嗅觉、对外国法律体系全面的了解，以及不愿趋附权贵、行贿讨好的性格，吴经熊被任命为"宪法起草委员会副主席"，负责起草新的"中国宪法"。（Alford and Shen 第50页）于是，吴先生再一次全身心投入紧张的工作。他研究了包括美国、德国、法国以及日本等国家的宪法，也研究了"孟德斯鸠、卢梭、洛克和詹姆斯·威尔逊的哲学思想"。（Zhang 第215～216页）最后的草案优先考虑了民族、民主和民生三项原则，反映出"个人主义与集体主义的平衡，也反映出将理想主义与唯物主义合为一体的希望"。（Zhang 第216页）但是，吴经熊的宪法草案几年内都没有得到执行。后来草案最终被采纳的时候却又只执行了很短的一段时间，不久中国共产党赢得了内战的胜利。

在这一时期里，吴经熊及家人也曾盘算着如何在战争中逃生。他们在沦陷的上海待了一段时间，经历了最初的日寇入侵和轰炸。

但是，随着日本占领军邀请他在“代表委员会”中担任一个席位，对他的审查也越来越严了。（《超越东西方》第278页）出于对祖国的热爱和忠诚，他拒绝了邀请。虽然他的拒绝没有立即遭到报复，但他清楚地意识到，必须立刻离开这座城市了。吴经熊和他的家人用假名登记成为劳工，用“你可以想象的最破旧的衣服”装扮成难民，开着一辆借来的卡车逃出了城。临行之际，吴先生留下一首诗，密封在办公桌上的信封里，以便让被指派看守他的日本军官发现。在他的自传中，吴经熊可以回忆起来的诗句只有，“抱歉不辞而别，不拘小节是为了忠诚”。（《超越东西方》第280页）

在接下来的几年内，吴先生一直在中国内陆过着拮据的生活。只有靠蒋介石直接委托给他的《圣经》的中文翻译工作才能维持家用。虽然生活条件艰苦，但是吴先生却很开心：

> 好友林语堂先生在桂林时曾经造访我们。他嘲笑我住的房子不像一个家，更像是一个猪窝。但是，我人生最幸福的时光却正是在那里度过的。每当我回忆起来时，心里都充满了对那段时光的向往和怀念。（《超越东西方》第292~293页）

内战结束后，吴先生离开了中国。虽然在后来的职业生涯中，在某种程度上他将所学的法律专业知识派上了用场（例如，担任海牙常设仲裁法院的法官），但他的后半生却被天主教和文学所吸引，其程度不亚于他前半生对法律的钟爱。他与美国天主教作家、忠实的信徒和神秘主义者托马斯·默顿（Thomas Merton）建立了友谊，并成为终生的朋友。他将一本唐诗以及《道德经》翻译成英文出版。他先后在中国台湾地区和西方撰写和出版了很多有关禅修和中国哲学的著作。

总的来说，吴先生的生涯和事业跨越了不同专业学科和个人兴趣。他的博学多才及成就，对中国的法律传统、国家的独立和对西方了解中华文化，都具有重要的影响。尽管吴先生自己雄心勃勃、充满智慧，但内心却躁动不安，就如同20世纪初的中国一样。不过，他一生的著作却超越了东西方的分歧。

参 考 文 献

[1] Alford, William P., and Yuanyuan Shen. "'Law is My Idol': John C. H. Wu and the Role of Legality and Spirituality in the Effort to Modernise China". *Essays in Honor of Wang Tieya.* Ed. Ronald Macdonald., 1994. 43. Print.

[2] Chun, Allen. "From Text to Context: How Anthropology Makes Its Subject." *Cultural Anthropology*, vol. 15, no. 4, 2000, pp. 570–595. www.jstor.org/stable/656622.

[3] Gao, Yugong. *Cranes and People in China: Culture, Science, and Conservation.* The University of Texas at Austin, ProQuest Dissertations Publishing, 2001. 3036597.

[4] Grimm, Robert J., and Cheng Tso-Hsin. "Special Report: Ornithology in the People's Republic of China (PRC)." *The Condor*, vol. 81, no. 1, 1979, pp. 104–109. www.jstor.org/stable/1367873.

[5] Rank, Michael. "Birdman of Beijing." *The Guardian (1959-2003)*: 19. Jul 18 1998. *ProQuest.* Web. 13 Feb. 2017.

[6] Hsu, J. P. "The Scientific Research and Teaching of Dayou Wu." *JingShin Theoretical Physics Symposium in Honor of Professor Dayou Wu.* World Scientific Publishing Co., 1998.

[7] Hsu, Weishu. "In Memoriam: Tso-Hsin Cheng, 1906-1998." *The Auk*, vol. 116, no. 2, 1999, pp. 539–541. www.jstor.org/stable/4089387.

[8] Seitz, Frederick. "China and Natural Science: A Conundrum. In Remembrance of

Professor Ta You Wu (1907-2000)." *Proceedings of the American Philosophical Society*, vol. 146, no. 1, 2002, pp. 1–17. www.jstor.org/stable/1558153.

[9] Wu, Jingxiong. *Beyond East and West*. New York: Sheed and Ward, 1969. Print.

[10] Wu, Dayou. "Reminiscences of My Ann Arbor Days." *JingShin Theoretical Physics Symposium in Honor of Professor Dayou Wu*. World Scientific Publishing Co., 1998.

[11] Yang, Chen Ning. "Professor T. Y. Wu and Physics." *Chinese Journal of Physics,* vol. 35, 1997.

[12] Zhang, Xiaomeng. "John C.H. Wu and His Comparative Law Pursuit." *International Journal of Legal Information* 41.2 (2013): 196-221. *ProQuest.* Web. 13 Feb. 2017.

第五章

“二战”的英雄与幸存者

1937年夏天，中日两国军队在北京附近的卢沟桥发生武装冲突，日本发动全面侵华战争。实际上，这是日军对中国蓄谋已久的挑衅，是赤裸裸的侵略。在接下来的4年里，日本人疯狂肆虐中国的东部海岸。尽管国共两党形成了暂时的统一战线，团结起来抵抗日军，但是，中国的大城市包括天津、北京、南京、上海等却相继沦陷。

在战争初期，尽管罗斯福政府反对日本帝国主义，但美国仍然在军事上保持中立。而随着日本入侵范围的不断扩大，美国的民意才完全倒向中国。1941年，日本偷袭了珍珠港，美国不再保持中立状态，并向日本宣战，中美联盟得到空前的加强和巩固，双方的合作更加广泛和深入。

本书已经提到过第二次世界大战的一些英雄和幸存者：救济工作者及医院主管丁懋英的努力、金陵女子大学校长吴贻芳的领导，以及吴经熊在中国宪法方面的工作和拒绝与日本人合作的民族气节等，都值得被记载下来，值得为那些悲情岁月提供些许纪念。

本章继续讲述三名密歇根大学毕业生在战争时期做出特别贡献的故事：何怡贞，中国第一批获得物理学博士学位的女性，致力于为“二战”伤员服务的医生、传教士罗伯特·布朗（Robert Brown），以及一个密歇根大学的明星足球运动员汤姆·哈蒙（Tom Harmon），后来他加入中国飞虎队参战。

何怡贞：“为救国而学习”

何怡贞出生于一个书香门第。她的祖母谢昌达是“苏州有名的女权运动家”，曾积极募集资金建立妇女学校，并于1902年成立了解除缠足协会。（Ma 第85页）何怡贞的父亲何成参加了1911年推翻清朝的辛亥革命。何怡贞的女儿葛云培在纪录片《二十五个字》的摄制过程中，总结了外祖父的价值观：“尽管外祖父读的是军事院校，但他从未想过用武力拯救中国。相反，他相信自然科学，相信科学和工业可以拯救国家。”

何怡贞（中）与弟弟妹妹们

（本图片来自25words.net）

他将这个信念传递给了他的8个儿女。作为长女的何怡贞是她的兄弟姐妹中第一个传承家族遗训的。她先是在她祖母办的苏州女子学校学习，然后进入了金陵女子大学。后来毕业于密歇根大学的吴贻芳在那里任教，成为中国第二位女大学校长。何怡贞毕业于1930年，当时她年仅20岁。21岁时何怡贞决定留学，当时父亲对她说，我给你准备了一笔钱，怎么用这笔钱你有两个选择：一是作为嫁妆结婚，二是用它留学。对于她来说，选择并不困难，她的心里早有所属。她毫不犹豫地用这笔钱去了美国的霍尼克山学院读书，然后又获得了巴布奖学金来到密歇根大学攻读物理学博士。1937年，何怡贞从密歇根大学毕业，成为中国首批获得高等物理学学位的女性之一。

何怡贞（前排右一）与巴布奖学金同学，1935年
（本图片来自密歇根大学本特利历史图书馆东方女性巴布奖学金委员会档案）

在她留学期间，国内发生了一连串的政治事件。1931年，在她刚刚抵达美国不久，国内就发生了震惊中外的柳条湖事件。一批冒

充“持不同政见者”的“中国人”对伪满洲国的日本铁路进行了袭击。实际上，柳条湖事件是日本为武力入侵伪满洲国而精心设计的借口，也就是历史上有名的“九·一八事变”。何怡贞的女儿回忆说，当她听到柳条湖事件的消息时，感到非常震惊。从那时起，拯救国家的信念就在她心里深深地扎下了根。（《二十五个字》）这个想法也影响到了全家。她的妹妹何泽慧跟随何怡贞的脚步，前往德国学习弹道学。

毕业回国之后，何怡贞被聘为燕京大学教授，讲授物理学研究生课程，在那里她遇见了她后来的丈夫葛庭燧，他当时是燕京大学的研究生。他们于1941年结婚并搬至美国，以便葛庭燧可以在加州大学伯克利分校学习。“烽火连三月，家书抵万金”。当时无论是身在美国的怡贞，还是身在德国的泽慧，以及中国的千千万万个其他家庭都是如此，他们几乎都处于相互信息隔绝的状态。唯一可能的渠道就是通过红十字会。战时，红十字会有一条特殊的人道主义通道，就是为受战争蹂躏国家的公民提供信函服务。而这种信函的篇幅仅限于25个字，并且除了个人之外的所有信息都要被审查。何怡贞唯一的一封信幸存了下来。内容如下：

> 孙女3月30日生于伯克利。皆好。庭燧获奖学金，不缺钱。家人安好？（《二十五个字》）

然而，很快连这样的通信也中断了。何泽慧在德国学校给姐姐写信，向姐姐征询去留问题，她非常着急地等待着姐姐的回复。然

1937年何怡贞（左）与妹妹何泽慧
（本图片来自25words.net）

而他们全家都未曾得到任何回复，直到战争结束他们才得到消息。原来姐夫毕业后被聘用，在曼哈顿计划中研究雷达技术。尽管美国最高机密核计划不允许通信，何怡贞还是收到了所有家人来信，并且一生都保留在身边。（《二十五个字》）

“二战”结束后，何怡贞一家在美国逗留了几年。葛庭燧转到麻省理工学院继续从事研究。中国内战一结束，他们全家就回到中国。何怡贞发现新成立的中华人民共和国非常需要光谱学专家。于是，她便帮助中国科学院建立了第一个光学研究所。她帮助寻求加大钢铁产量和提高钢材质量的方法。作为巴布学者，她对中国快速的现代化和工业化起到了直接的推进作用，而被誉为“中国光谱先驱”则是对她事业贡献最好的评价。（《二十五个字》）

然而，“文化大革命”打断了她的职业生涯。像许多其他著名知识分子一样，她被迫进行体力劳动。正如纪录片《二十五个字》所说："在极左的时代，八个兄弟姐妹都遭受了不同程度的迫害和折磨。然而，在他们一生中，他们都从未放弃过对科学的追求。"

事实上，在她的职业生涯后期，她回归于理论研究，如研究了无定形物理学和金属玻璃等，并在中国科学院成立了固体物理研究所。20世纪80年代和90年代，她在科学贡献方面获得了多项殊荣，多次获得中国科学院的表彰。她还积极投身社会活动和公益事业，被誉为社会活动家。2008年，何怡贞逝世。

罗伯特·布朗：南京大屠杀中不畏牺牲的英雄

1918年，罗伯特·布朗已经完成了10年的高等教育。他先就读于泰勒大学，然后求学于伊利诺伊大学，最后又从密歇根大学获得医学学位。那时他31岁，回顾读书多年而毫无建树的生涯，他常常感到不安和羞愧。1918年6月，毕业后仅仅几个月，布朗便作为卫理公会的医疗传教士开始了他的中国之旅。由于军阀混战，加之日本的入侵和"二战"，中国饱受连年战争之苦，多灾多难。苦难的中国促使布朗决定为之尽绵薄之力。从此之后，罗伯特·布朗花了整整25年的时间奔走在中国的大地上，从充满疟疾危机的缅甸之路到延安的共产党革命根据地，再到安徽省芜湖市的医院，他总是冒险前行，寻求用武之地。

最终，布朗在中国东南部长江岸边的芜湖总医院安顿下来。在这里，他提供全科医疗和外科专业知识，之后调到了公共卫生部、儿科和骨科。在刚开始的6年里，他只在20世纪20年代初短暂回到过密歇根州。在那里他又获得了公共卫生学位。1924年，这个新的学位为他带来了丰厚的回报：布朗被任命为芜湖总医院的主管。在任职的十多年期间，布朗致力于服务医院和当地社区，包括主治著名的飞行员查尔斯·林登堡（Charles Lindburgh），并说服他将急需的物资运往中国。

罗伯特·布朗和他的家人
（本图片来自联合卫理公会教派档案与历史委员会）

1937年，日本入侵中国的战争全面爆发。布朗所在的芜湖位于南京以南仅100公里处，正处于日本扩大侵略的必经之路上。实际上，当时他有许多选择：撤往内地，或者暂到香港躲避，甚至撤回美国。可他还是坚持选择留在了最危险的地方。据说，他“可能是战争初期日本人占领芜湖期间第一个留在自己岗位上的美国人”。（Homer 第7页）而在1937年底南京大屠杀期间，在“炮火纷飞与街头巷战的日子里”，布朗用自己的实际行动证明了他坚守最危险处境的信念。有这样一段回忆描述了这种情形：

（布朗）冷静地穿过弹痕累累的街道，将一面美国国旗悬挂在车前，将受伤的年轻妇女带到医院。后来，他用同样的方法救了整个医院的伤病员，在隔离墙内，把三千名难民从日本人的刺刀下救了下来，然后将他们安全转移。（Homer第7～8页）

罗伯特·布朗不顾个人安危，为数千名被强奸和残暴虐待的中国公民提供避难所和尽可能的帮助。

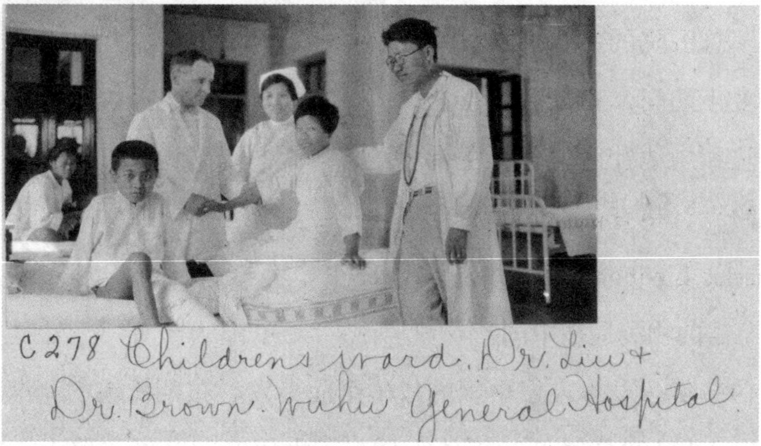

一名刘姓医生和布朗医生在芜湖医院儿童病房
（本图片来自联合卫理公会教派档案与历史委员会）

当然，这样的努力没有被忽视。他成了“一个英雄”，他“在中国的声誉是公共财产……他被非官方地誉为中国最好的医疗管理人员”（Homer 第7～8页）。随着声誉的提高，不久之后，布朗的自发行为变成了政府的委派。其职责范围已经不仅仅是帮助难民、提供医疗救助，而是被蒋介石亲自委以重任，被要求参加开辟战时滇缅公路。

滇缅公路由数以万计的缅甸和中国劳工在战争开始时建成，全长1000多公里，从缅甸的腊戌到中国云南省的昆明市。在抗战时期，滇缅公路是中国战场与世界联系和救助物资输入中国的重要通道。缅甸当时是英国殖民地，通过缅甸，可以将急需物资迅速输送到中国。由于其战略位置极其重要，战争初期，日本军队使用各种方式，甚至动用细菌战的罪恶手段，极力阻挠和破坏通路的开辟和使用，还通过外交手段对英国施加压力。这一切足以证明滇缅公路的重要性。不仅如此，在公路修建中，更大的威胁还在于恶劣的医疗卫生条件对劳工身体健康的侵害。史料记载，当时疟疾对施工进度影响最大。进入秋季之后，特别是在滇缅公路下降到潮湿的山谷地区时，2000多人的一个施工队，几乎“90%的人成为疟疾的受害者”。（Reid 第1页）

布朗与一些其他的卫生专家一起被要求解决沿滇缅公路的疟疾传播问题。他们一起分析了调查数据，并在供应路线上建立了两个疟疾实验室。布朗在接受采访时说：

> 这些实验室虽然极其简陋，但我们在非常原始的环境中建立起了必要的设备，用于研究和控制整个区域的疟疾问题。我们希望把这两个实验室建成示范和培训中心，以便工作能够在本省其他地区开展。（Reid 第2页）

除了实验室，布朗还监督组建专门医院，致力于治疗疟疾和培养中国医护人员，尽量治愈疟疾病人并使他们能尽快地重返施工一线。在元富地区（昆明），沿途有80多名医生和护士从事预防和治疗工作。他们中的大多数都是训练有素的中国年轻人。布朗说，这些人后来大部分都成为“新的、现代的中国的真正先驱者”。（Reid 第3页）

在这段时间里，记者乔伊·荷马（Joy Homer）加入了罗伯特·布朗的行列。她是受聘记录中国生活状况的记者。1941年，她出版了旅行回忆录《黎明前的中国》。在书中，她是这样描述布朗的品质的：“他肩宽、背直，看上去有军人气质和将军风范，反而不像一位医生。”（Homer 第5页）她说他们一起跋涉了几千英里，布朗负责协调和组织，并做荷马在中国的向导。她很快就发现，在中国大家都把布朗称为“船长”。（Homer 第8页）

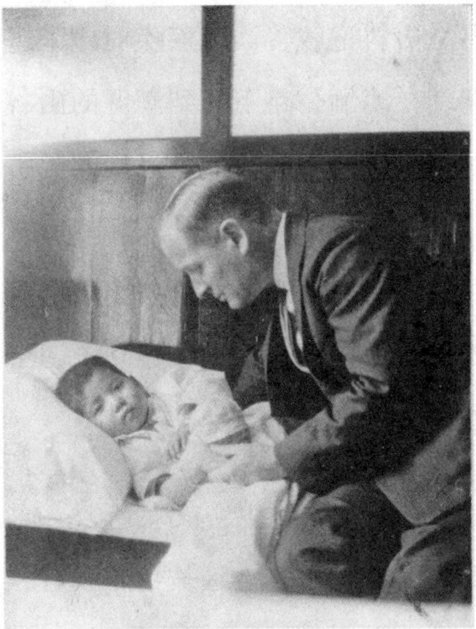

罗伯特·布朗和病人

（本图片来自联合卫理公会教派档案与历史委员会）

乔伊·荷马的记载里有很多轶事。其中一个是这样的：他们开始出征后不久，来到一个火车站，里面挤满了生病和受伤的难民。随即他就把车站变成了一个“临时诊所”，尽可能多地给那些受伤者和病人包扎和治疗（Homer 第26页）。后来，他们在南部的桂林逗留了好几天。那时正好赶上日军空袭，幸运的是他们大难不死：

> 接下来的一瞬间，空中响起了炸弹落向头顶的呼啸声。前方两百码（1码=0.9144米）医院方向，一颗炮弹爆炸，像一座火山爆发，顿时火光冲天，浓烟滚滚。房子被炸裂，将碎砖烂瓦瞬间抛到阳光明媚的空中……冲击波震动着我准备按快门的手指头，把我架好的相机炸飞了。下一颗炸弹应该降落到我们头上了。（Homer 第55页）

庆幸之余，下一枚炸弹并未光顾他们。他们惊魂未定，便继续前行。他们先乘坐火车，再转乘汽车，最后只能骑着毛驴，一直向中国的内陆深入，直到抵达延安。延安是中国共产党的革命大本营。在那里，他们见到了毛泽东。他们提出：“为什么基督教徒不能成为你们的团队成员？”对这个问题，毛泽东礼貌地给予了明确的答复。

当他们两人回到了布朗在芜湖的医院时，荷马亲身感受到了他以前的员工对他的喜爱和敬重：

> 最后，我们乘车穿过很大的芜湖港。在距离城市半英里（1英里=1.609千米）的地方，我们看见罗伯特·布朗在

罗伯特·布朗
（本图片来自联合卫理公会教派档案与历史委员会）

此工作过的那家砖墙医院，高高地矗立在长江边的小山上，反射出耀眼的光芒。我们远远地就看到了有上百个人，既有美国人也有中国人，都聚集在医院大门前等待和欢迎他的归来。其他人则拥挤在蜿蜒曲折的道路旁，或聚集在更远的山坡上，黑压压的一片。这是一个十分壮观的欢迎仪式。布朗情绪激昂，像远航归来的船长，感到无比自豪。（Homer 第281页）

乔伊·荷马为布朗刻画出了一幅栩栩如生的肖像：无私、直率、勇敢无畏、喜欢开玩笑。有一次，布朗逗荷马，说他得了猩红热病。虽然他后来没有感染猩红热，却因鼻窦炎做了一次手术，术后并发症导致他长期不愈。当病情终于稳定几近康复时，他已经被折腾得神情低落、身心俱疲：

> 医生告诉我们，要是再来一次打击，对他来说将是难以承受的……但我知道，船长不会就这样轻易死掉的……出血逐渐停止了，但是他变得情绪极不稳定，极易冲动。最后，当他已经恢复到能够四下走动的时候，我们开心地把他从他自己的医院里接了出来。（Homer 第284页）

布朗毕业于密歇根大学，追随着贾德森·柯林斯的脚步。他更在意的是随时随地行善。只要需要，他都全力以赴。

> （当乔伊最后离开中国时，布朗）正从（缅甸）仰光回到中国，回到那充满枪炮声、满目疮痍的战场上。然而，不知何故，我并不担心船长。我知道，他的幸运之神对他青睐有加，日日夜夜守护着他。即便真有一枚500磅的炸弹直接落在他的脚下，那也会是一枚哑弹。（Homer 第294页）

罗伯特·布朗的一生经历了数十载战火的洗礼，恐怕用劫后余生来形容也不为过。但遗憾的是，他最后在回到加利福尼亚的家后，却因心脏病发作去世了。

密歇根的哈蒙：橄榄球明星和战斗机飞行员

在踏进中国之前，汤姆·哈蒙（Tom Harmon）就已经是美国的一位传奇人物，一个家喻户晓的名人。哈蒙出生于印第安纳州一座小城的中西部。他的名声、打仗时的牺牲精神，以及面对大火时表现出的勇气等都为人称道。其风头已不是引人注目所能形容，他的形象看起来和美国英雄主义的传统形象极为相似，绝对比好莱坞的故事情节更能夺人眼球。然而，汤姆·哈蒙在密歇根大学求学的经历和在中国战场上的种种历练却是鲜为人知的。

哈蒙的明星风头从一到密歇根大学就开始飙升。他在第一次回忆自己大学时光时说，对他来说印象最深刻的是美丽的校园：

> 即使在今天，我仍然相信秋天的安娜堡是世界上最美丽的城市……空气似乎都带着金色。随着学生们陆续返校，静谧的大学街道和参天大树慢慢从令人昏昏欲睡的夏天中苏醒过来。（Harmon 第11页）

哈蒙是从高中橄榄球队里选拔出来的。他的橄榄球生涯是从替补队员开始的。他有很多需要学习的地方。虽然展现出了运动员的天赋，但哈蒙却在一些重要的比赛中出现重大失误导致比赛失利。在一次让他觉得特别尴尬的比赛之后，哈蒙的家人送了他一个带手柄的橄榄球作为圣诞礼物。

家人的这种戏弄警示他在接下来的成功之后能够保持低调谦卑。大二时，哈蒙已经成为密歇根大学橄榄球队里打中卫的明星球员。虽然顶着来自对手巨大的压力，但他在比赛中激烈又精彩的表现让他登上了全国的新闻报道。哈蒙回忆道："记者们比以往任何时候都更加关注我……我也不断告诉他们，功劳应该是大家的。如果没有其他队员们的密切配合、替我扫清障碍，没有人能够将球带那么远。”（Harmon 24）显然，他的话没有降低观众对他的热情，人们对他的期望不降反增，好评如潮，直到他获得海斯曼（Heisman）奖杯。

1940年，汤姆·哈蒙在密歇根大学的橄榄球时代

（本图片来自密歇根大学本特利历史图书馆校友会档案）

那一年，他被评为联合新闻社年度运动员，同时被选进了大学橄榄球名人堂，获得了麦克斯韦（Maxwell）奖，并荣登《时代》杂志的封面。尽管队友和家人常常拿他的大鼻子开玩笑，但哈蒙天生一副上镜的外形，进一步帮助他树立了名人形象。在他的回忆录《飞行员也祈祷》中，哈蒙将人们对他的赞扬当作“少数其他奖杯”，甚至包括他被邀请参加时任美国总统富兰克林·罗斯福的生日宴会。其实，哈蒙并不是很想参加那个宴会，并且差点拒绝了邀请，因为他担心缺课会让他的课程不及格。后来在征得院长的同意后，他才接受了邀请。

毕业后，哈蒙的名气与日俱增，人气也是如日中天。开始，他在一部名为《密歇根的哈蒙》的好莱坞电影中扮演了角色。在剧组他遇到了女演员爱丽丝·诺克斯（Elyse Knox），他非常倾心于她并亲切地称她为“布琪”。很快，他们就坠入爱河。哈蒙受邀到全国各地做演讲，应接不暇。他把大部分的收入交给了父母，最后在安娜堡买了一幢房子。1940年，哈蒙被芝加哥熊队征召，但他没有签署合同，转而追寻自己向往的播音主持的职业生涯。后来，他搬去和父母一起居住，并最终得偿所愿，在底特律做了一名电台播音员。

“二战”的爆发改变了哈蒙作为播音员的职业规划。就在日军偷袭珍珠港的前几个月，他报名参加了空军，并且怀着激动的心情

哈蒙在填写1941年美国橄榄球联盟（National Football League）选秀登记
（本图片来自密歇根大学本特利历史图书馆体育部档案）

成了一名飞行员。离开橄榄球场一两年后，部队训练营让他找回了感觉。在公众眼里，当橄榄球明星既安全又出名。但是，很快哈蒙就将这些抛在身后，参加到战斗中去。

1942年，身着空军军装的汤姆·哈蒙，军装上的徽章由迪斯尼设计

（本图片来自密歇根大学本特利历史图书馆校友会档案）

人生并非永远一帆风顺。哈蒙后来在南美洲的一个空军基地例行飞行时就遇到了大麻烦。当时，轰炸机的一条液压线被吹掉了：没有液压油则意味着没有刹车。哈蒙和他的伙伴们在飞行过程中设法修补了线路，幸运的是飞机还有足够的液压油料让他们安全着陆。但是，他们接下来的行程却再也没有那么幸运了。当他们驾驶轰炸机从南美沿海飞往北非执行任务的时候，在恶魔岛上空遇上了黑色暴风云。哈蒙竭力控制着飞机，试图冲出风暴中心。但所有的努力似乎都没有任何效果，飞机像断线的风筝一样左右摇摆，没有人知道它下一秒会一头栽向地面还是继续在空中挣扎。那是令人窒息而又绝望的瞬间。后来当飞机进入了无云的地带时，“一切都散架了。感觉听到一声炮响。突然，维特

上尉嘶声喊道：‘翅膀——翅膀！它被折断了！’我陷入绝望，但还是两手拼命地抓住操纵杆，试图调整飞机，却没有任何作用”。（Harmon 第65页）飞机径直向地面俯冲，绝望之际，哈蒙命令助手们赶紧跳伞，直到他们全部弹出，他才最后一个放弃了飞机。

当哈蒙从南美丛林的大雨中醒来时，他的轰炸机残骸仍然在附近燃烧。他的降落伞悬挂在一棵树上。这时，哈蒙才发现自己也像他的伞一样悬挂在半空，上不着天，下不着地，距离地面大约12米。判断出自己的处境之后，哈蒙心里立刻明白了，盲目挣扎不仅无用，还会断送性命。他看清了方向，再努力前后左右摇晃，终于成功抓住了树干。当他刚准备从树上爬下来时，飞机残骸中的火焰突然引爆了弹药仓，一声巨响，天崩地裂，弹片横飞，身旁的丛林在扑簌簌的声响中被炸得七零八落。

爆炸之后，哈蒙又一次从惊恐中慢慢恢复平静。从树上下来之后，他惊奇地发现自己居然毫发未损。他开始观察周围的情况。首先是排除是否尚存引爆物，接着搜索了飞机尚存的物品和其他幸存者。但遗憾的是，他没有发现任何幸存者，有的只是可怕的遗骸。他写道：“我看到一只断臂耷拉在尸体身旁，我知道这是古德温被螺旋桨砍下的左臂，因为螺旋桨上布满血迹。”（Harmon 第67页）没有发现其他机组人员的踪影。哈蒙找到了一些有用的东西：一把刀、一顶蚊帐、一个指南针、一支火焰枪、几罐淡水、一盒他之前放在裤子口袋里的巧克力。哈蒙收拾好这些物品，用指南针选好他认为最有可能活命的逃生方向，上路了。

哈蒙独自一人在丛林中度过了5个艰辛的日子。晚上，他将蚊帐覆盖在自己的脸上，但是成群结队的虫子还是穿过了蚊帐。因为害怕夜晚野生动物的袭击，他不得不整晚都手握尖刀。就这样，哈蒙度过了数个不眠之夜。在这些日子里，哈蒙穿越丛林，跋山涉水。其中，沼泽地是他走出丛林的最大障碍。在他所经过的道路上有很多的沼泽地，这些沼泽地延伸的面积很广，根本无法绕开。但是哈蒙别无选择，必须硬着头皮穿越。烂泥粘着他的靴子，靴子差点被从脚上拔掉。衣服全部泡湿了，浑身从头到脚全是泥浆。但最糟糕的是缺乏食物和饮用水。从飞机上找回的食物很少，水也不多，漫漫长路，不知何处才是尽头。他不敢多用所剩不多的食物和水，只能靠想象超市里丰富的水果和食物充饥。但可悲的是经过一天的跋涉，当他最后坐下休息并打算吃一些食物时，却发现水罐已经空了，原来仅存的一点水漏光了。没人能想象出他当时的绝望。而他那盒宝贝的巧克力，也在口袋里被磨成了泥浆，里面还夹杂着已经长出了的蛆虫。

就这样，他在丛林中整整走了5天。每一天都不知道自己能不能从丛林中走出去，每一天都因饥渴劳累、疲惫不堪而感到绝望。直到第5天，哈蒙在一堆枯叶下发现了一个使他为之一振的东西：一个玻璃瓶。让他欣喜若狂、简直不敢相信自己的运气的是，他居然发现丛林里离他不远处有一条小径。沿着这条小径他来到了一个小小的居住地，那是法国殖民地的一部分。这是方圆几十公里的丛林中唯一的居住地。他被领进房间，吃了东西，洗了澡。第二天，有人划独木舟送他到了另一个更大的前哨基地，之后再从那里转移到了美国的军事基地。在那次空难中，哈蒙是唯一的幸存者。

南美洲丛林的这场空难并没有让哈蒙停止前进的脚步。在短暂地拜访了父母后，他恢复了工作。当时，他飞的机型是空军的P-38闪电，飞行员们称之为“叉尾魔鬼”的飞机。哈蒙在飞机的一边写上以他女朋友的名字命名的“小布琪二世”，然后委托了沃尔特·迪斯尼亲自给他的飞机设计了一个图案：一个叫 Peg-leg Pete 的卡通人物穿着哈蒙当年的橄榄球衫，一只手在砸烂纳粹的卐字。哈

哈蒙中尉与他的战机——“小布琪二世”，1941年
（本图片来自密歇根大学本特利历史图书馆体育部档案）

蒙被派往第449战机中队前往中国。他们的使命是支持著名的飞虎队的司令克莱尔·陈纳德将军。飞虎队已编入中国空军，由美国空军、海军及海军陆战队的志愿飞行员组成。现在，他们有了一个新的P-38型中队，为他们的老式P-40型战机提供支持。

哈蒙对中国的第一印象就像他对安娜堡的第一印象一样，都是惊叹它的美丽：“我们穿越山脉，而中国看上去就像一个梦幻国度。山峦郁郁葱葱，空气非常清新。”（Harmon 第122页）

第449战机中队驻扎在新的基地，他们对飞虎队的同胞充满敬佩，因为飞虎队中许多人都是久经沙场、经验非常丰富的飞行员。他们交换了空战的经验和体会，讨论了日本空军的作战能力和战术，并就P-38飞机与P-40飞机相对的优缺点进行了激烈的争论。哈蒙明显感受到肩上的重担——让新飞机和新飞行员在亚洲舞台上拿出上佳表现。“当我们初次踏上中国的战场，”他写道，“我们知道大家对我们的期望很高。每个人都听说过P-38是一种威力巨大的飞机，他们期待我们用它让这个世界燃烧起来。”（Harmon 第132页）

飞行员轮流值班，每个人都既希望又害怕自己在当班期间接到飞行任务。一天早上，轮到哈蒙值班：他的任务是护送一批轰炸机，去破坏日本在江西九江附近长江沿岸的补给线。几十年前，康成和石美玉就是在那里行医的。那只是一次低难度的任务，是一次很好的突袭机会。哈蒙写道，该地区的日本占领部队已经“休息得差不多了”“早就该让他们知道我们还活着了”。（Harmon 第159

页）不仅如此，情报显示，该地区的日军大本营只有2架飞机能够随叫随到。这次的任务应该是小菜一碟。

但当他们飞近九江的时候，飞行员们看到的却是“所有的街道都坚壁清野了，地面见不到任何的活动迹象。显而易见，日本人事先获得了情报”。（Harmon 第162页）抵近轰炸目标上空时，他们突然看见敌方战机呼啸着迎面而来。哈蒙很快发现，他们面对的不是2架飞机，而是6架！随即竟增加到12架。众寡悬殊，但第449战机中队仍然努力回击，重组队形。哈蒙描述了战斗的第一个回合：

> 前两架敌机右转，自右上方俯冲下来；而第三架左转，独个儿从左上方俯冲下来……我用机枪疯狂扫射，第一波攻击很走运。枪弹直接撕下敌机座舱盖……我亲眼看到敌机燃起熊熊火焰……空气的振动听起来仿佛像一百万只嗡嗡扑来的蜜蜂。（Harmon 第163页）

尽管敌众我寡，但哈蒙和他的战友们毫不畏惧。混战中，哈蒙打下了2架或许3架敌机。现在应该是撤出战斗的时候了：

> 我陡然往上直飞，只是调过头准备返航的时候，突然听到身后有飞机装甲中弹的尖锐声音。还没等我缓过神来，紧接着第二次射击打中了我座位下的装甲板，我感到了轻微的震动。第三次射击就打爆了我两腿之间的一个气囊护罩……我永远都不知道我怎么就没有挨中这些枪弹碎片。（Harmon 第163～164页）

他避开了弹片，但飞机却没有避开接连的枪炮子弹，机身狭窄的P-38驾驶舱已经起火了。他用手套尽可能地灭火。但毕竟火势过猛，瞬间，哈蒙的飞机竟“以近乎90度直角向湖面俯冲”。（Harmon 第164页）“一秒，两秒……”，随着时间的飞逝，他来不及细想，本能地跳离了飞机，打开了降落伞。遗憾的是，哈蒙将降落伞打开得太早了，“我的心脏一下跳到了嗓子眼：面对一架扫射的敌机，一个随着降落伞在空中飘来飘去的飞行员的无奈可想而知，绝对像一只待宰的羔羊一样任人摆布”。（Harmon 第165页）他能做的最多就是装死，祈祷日军千万不要开火。于是哈蒙将脑袋下垂，任由降落伞往湖中降落。因为他清楚，一旦将降落伞往陆地上牵引，就意味着放弃假装扮死而让敌人知道他还活着。幸运再次降落在哈蒙的头上，他的“狡猾”竟真的救了他。那架围着他转的飞机竟然没有开枪。降落伞落入湖中，哈蒙就躲在降落伞下面，直到在上方徘徊绕旋的飞机飞离。

当眼前的危险过去之后，哈蒙才意识到自己烧伤很严重。“很痛，但我丝毫不介意”。（Harmon 第165页）哈蒙知道，相较生命而言，那点烧伤已不足挂齿。他把自己包裹在降落伞的下面并悄悄游到岸边。不久之后，中国共产党的游击队士兵找到了他。接下来的一个月里，他们精心地帮助他治疗康复，慢慢地使他恢复到了健康状态，然后把他送回到他的大本营。在坠机时因高度紧张而“无暇”顾及的伤痛，此时却如同“报复”一般卷土重来。“那时候，我经历了我一生中身体上最痛苦的体验，我的腿和脸上的烧伤感染

密歇根大学橄榄球教练弗里兹·克莱斯勒告诉哈蒙的父母及妹妹，哈蒙的战机在中国被击落后，他活下来了

（本图片来自密歇根大学本特利历史图书馆H·O·克莱斯勒文件档案）

甚至溃烂了。”回大本营这一路都是乡村地带，医疗条件落后，哈蒙只能依靠茶叶来治疗他的烧伤，用丹宁酸来缓解疼痛。他写道：“我的脸被烧得很厉害，眼睛和嘴唇都肿得张不开了。”“因为我的嘴烧伤严重，我几乎17天吃不了东西。”（Harmon 第166页）更糟糕的是，哈蒙在回家的路上染上了痢疾。

九江战斗32天后，哈蒙的体重掉了40磅，但哈蒙终于又回到了他的大本营。营地举行了一个仪式，哀悼那些在战斗中丧生的人，并将哈蒙誉为他们的英雄。营地厨师用该中队其他人员捐赠的巧克力烤了一个蛋糕。哈蒙写道，对他而言，那个蛋糕是他一生中吃过的最美味的佳肴。

密歇根的汤姆·哈蒙回到了家，毫无疑问，他是凯旋的英雄。最高的奖赏是他收获了真爱，迎娶了他的好莱坞甜心。在NFL（National Football League，美国国家橄榄球联盟）打了几个赛季的橄榄球之后，哈蒙意识到他已经不再像战前那样身体健壮了，无论是战场还是运动场，都到了该告别的时候了。他再次勇敢地面对自己人生的又一次重大转折，最终成为一名职业体育广播员。1990年，这位战斗英雄、“二战”的幸存者与世长辞，享年70岁。

汤姆·哈蒙和妻子爱丽丝·诺克斯在战后一次舞会上

（本图片来自密歇根大学本特利历史图书馆校友会档案）

参考文献

[1] *25 Words*. Directed by Shen Liu. 2011.

[2] Harmon, Tom. *Pilots Also Pray*. New York: Crowell, 1944.

[3] Homer, Joy. *Dawn Watch In China*. Boston: Houghton Mifflin Company, 1941.

[4] Ma, Yuxin. *Women Journalists And Feminism In China, 1898-1937*. Amherst, N.Y.: Cambria Press, 2010.

[5] Reid, W. W. *Interview with Robert Brown*. Robert Brown Collection, Bentley Historical Library.

第六章

新中国的科学家们

“二战”之后，新中国的科学和医学的现代化经历了一个复杂的过程。一方面，中国迫切希望推进工业化进程，这就意味着中国比以往任何时候都更加迫切需要刚刚毕业于西方大学的科学家回国从事研究。新中国把实用研究放到极高的位置，并且以爱国主义精神鼓励海外学者。这就意味着，对于梦想以自己的工作改变世界的那些科学家来说，20世纪中叶的中国将会是令人兴奋的。另一方面，高等教育受到严重影响。“大跃进”时期被当成优先发展的专业和学科到了“文化大革命”时期就成了整治中国最优秀知识分子的借口。

密歇根大学的毕业生们也经历了这一“冰火两重天”式的过程。其中，尤以王承书、朱光亚、黄家驷和曾呈奎的经历最为突出。对于王承书和朱光亚，中国核计划给他们带来的是安全与享有盛名。而对于外科医生黄家驷和海洋生物学家曾呈奎，则是另外一番景象：在“文革”期间他们饱受打击与折磨。不管怎样，最终4位科学家都成就卓越，为中国人民做出了伟大的贡献。

王承书、朱光亚：中国核能时代的先驱

1956年4月25日，毛泽东在中央政治局扩大会议上作《论十大关系》的报告，提出“经济建设与国防建设相结合”，并最终计划走出苏联的核保护伞。于是，一个非常严峻的问题摆到了中国政府的面前，那就是中国必须要有自己的原子弹。朝鲜战争期间美国以核武器相威胁和20世纪50年代初的中国台湾海峡危机，已经充分证明了核武器是一种强大力量的象征，并具有绝对的威慑意义。中国政府正式启动了中国的核武器计划。政府向侨居海外的科学家发出召唤：“中国正在走进核武器时代。”（Horsburgh 第42页）

两位密歇根大学的毕业生响应了这一号召。第一位是王承书。早在“二战”结束前，她就钻研物理学15个年头了。她于1934年获得学士学位，1936年在燕京大学获得物理学硕士学位。战争年代，王承书以教书为生。她首先在母校担任讲师。像其他许多人一样，在日本入侵时，她向内地迁移，最后在长沙湘雅医学院继续开展教学工作。（Wang 第256页）1939年秋天，王承书嫁给了物理学教授张文裕，但甜蜜的新婚生活才刚刚两年，情势就发生了改变。

1941年，王承书获得密歇根大学的巴布奖学金，她离开了她的丈夫和饱受战乱的国家，前往密歇根大学求学。在当年12月接受《安娜堡新闻》记者的采访时，王承书表示希望过三到四年就与丈夫团聚。“我们的牺牲并没有那么重要，”王承书说，“重要的是我们必须要学到能帮助重建祖国的知识和本领。”她描述了中国在战

1942年王承书（后排左一）与巴布奖学金东方女性同学
（本图片来自密歇根大学本特利历史图书馆东方女性巴布奖学金委员会档案）

争年代的教育状况，告诉记者许多关于流亡大学的故事：许多大学都迁往了内地，他们没有教室、图书室，也没有设备和教具，甚至连必需的住处和食物都紧缺。她还告诉记者“学生们躲在洞穴中生活和学习，以便可以躲过敌机的轰炸”。

一边是密歇根大学现代化宿舍的便利以及齐全的条件设施，一边是困扰着她丈夫和朋友们的恶劣环境。如此鲜明的对比让王承书内心备感煎熬。她说：“当然，祖国的家人和亲朋好友还生活在缺衣少食的水深火热状态之中，甚至还要时时刻刻面临死亡的威胁……一想到这些我心里就不是滋味。只有埋头工作，才可以暂时忘掉这些。”

王承书（左）在密歇根大学实验室
（本图片来自密歇根大学本特利历史图书馆东方女性巴布奖学金委员会档案）

“埋头工作”是她忘记痛苦的最好方式。王承书在密歇根大学学习期间，师从著名的荷兰理论物理学家乔治·乌伦贝克（George Uhlenbeck）。她很快成了她所参与项目中最顶尖的学生，并和乌伦贝克共同撰写、发表了几篇论文。王承书于1945年获博士学位，并在随后的10年担任密歇根大学的研究员，其主要研究方向是统计力学和惰性气体的动力学。她在学术上的重要贡献之一是对玻耳兹曼方程做了修正，在多原子气体研究中，学术界将其重新命名为 WC-U方程。（Wang 第526页）在密歇根大学期间，王承书总共发表了10多篇研究论文，但这只是她职业生涯的开端。

几年后，王承书终于与丈夫张文裕在美国团聚，完成了她的夙愿。张文裕来到美国，先后在普林斯顿大学和普渡大学做访问研究教授。1949年，新中国成立。在中华人民共和国的旗帜下，半个多世纪一盘散沙的中国达到了空前的统一。当时，王承书夫妇非常渴望回到中国。然而，由于“冷战初期的美国法规”禁止中国公民入境旅行，致使他们的愿望多年未能实现。（Lee）直到1956年，王承书夫妇才得到允许，携其幼子回家。

初回国的那段时期，新中国政府已经在拨款上凸显出了科学在强国之路上的重要性。在成千上万的人民仍然面临饥荒威胁的年代，政府用于科学研究的经费还是不断地在增加。“科学资金从1955年的约1500万美元增加到1956年的约1亿美元。中国科学院在1957年的预算几乎是1953年的3倍。”（Lewis and Xue 第42页）王承书欣喜地发现，新中国非常迫切地需要她的新技术和专业知识。中国科学院划拨了一些计划外资金，并任命她为北京物理研究所的研究员，她在这个位置上工作了整整8年（其间还一度在北京大学做兼职教授）。

然而，王承书对新中国做出的重大贡献才刚刚开始。1964年，王承书被调往核工业部第三研究所工作。这意味着她直接进入了中国核计划的核心领域。在那里她负责的课题是“铀浓缩扩散过程”。（Wang 第261页）1966年“文化大革命”开始，在以后艰苦的岁月里，这样一个重要的位置为王承书提供了一个庇护所，使她免遭冲击和折磨。

看起来参与核计划研究工作的科学家们是因为核计划得到了保护，但是实际上并非如此，倒是因为他们几乎与世隔绝才让他们躲过一劫。就拿20世纪60年代初来说，王

> 承书又被调去从事“战略武器开发计划”。从那时起，他们离开了大都市地区，迁往戈壁沙漠、雪山和草原，隐姓埋名，默默地投入到艰苦的工作中……从他们进入核计划的秘密世界那一刻起，他们就被军事机构屏蔽起来，与世隔绝。（Lewis and Xue 第46页）

王承书一直在核机密中工作，直到20世纪70年代中期，她才重新回归学术界的职业生涯。最终，王承书既当教师，又做政府机构研究员：一方面在清华大学任教授；另一方面也在核工业技术部任总工程师。在核工业技术部，她继续研究铀同位素。让人们记住王承书的是，她不仅是中国蓬勃发展的核计划中的核心人物，而且“她培养出了若干铀同位素分离研究的理论家”。（Wang 第527页）

密歇根大学毕业生中第二位投身中国核计划的是朱光亚先生。他也和王承书一样，同样接受过密歇根大学严格的科学研究训练，获得过物理学博士学位，并在中国研发原子弹方面起到了主要的管理作用。

朱先生似乎天生就具备领导才能。在战争年代，由于日军入侵，国内多所高校迁往西南，合并为国立西南联合大学。朱毕业于该校，后又在此任教。在那里，他遇到了吴大猷教授（见第5章），一位同样来自密歇根大学的校友。吴大猷在第二次世界大战结束后

1947年，朱光亚、张文裕（左二）、杨振宁（右二）与李政道（右一）在美国密歇根大学。杨振宁和李政道都是吴大猷的学生，于1957年获得诺贝尔奖

（本图片来自人民出版社）

受密歇根大学邀请成为访问学者，他建议朱光亚陪同前往。这个邀请成为朱光亚前往美国的“门票”，他最后获得密歇根大学的核物理博士学位。（Lewis and Xue 第145页）在密歇根大学学习期间，新中国的成立不仅鼓舞了王承书，同样也鼓舞了在同一个系的朱光亚。中华人民共和国成立后的第一年，朱光亚在一封联名公开信署名，鼓励所有海外学者回来报效祖国。

1950年，朱光亚一获得核物理博士学位，就遵从了自己的选择，回到了中国。当时，刚刚成立不到一年的新中国正面临第一次国际危机：朝鲜战争时期的苏联和中华人民共和国形成的共产主义阵营支持朝鲜，而美国和联合国则向韩国提供支持。中美两国不久前曾在“二战”中联手，此时却发现彼此兵戎相向。正是朱光亚在

1950年2月7日，朱光亚同许慧君在美国
（本图片来自人民出版社）

美国的经历使他也参与了这场冲突。在停战谈判期间，他被调离教育岗位，聘为中国人民志愿军的翻译工作者。

到20世纪50年代中期，中华人民共和国开始了核武器计划。

> 我们比以前更强大，未来会更强！我们将不仅拥有更多的飞机和大炮，我们还要拥有原子弹。我们如果想在当今世界不受欺负，就必须要有原子弹。（Lewis and Xue 第142页）

1955年，朱光亚便成为在北京大学组织物理课程的几位教授之一。（Lewis and Xue 第106页）在从事这份工作不久，朱光亚进了第九局，研究最高机密的核武器计划。1959年他正式加入核心机构，协助“科研管理”。（Lewis and Xue 第145页）

与此同时，第九局正在为建立秘密研究设施选址：“极少有外界人士知道这个研究机构。而那些即使知道一些内情的人，在提到它的时候，也只能称呼它的代码‘九院’。”（Lewis and Xue 第

141页）在那个饥荒年代，经过几年艰苦的建设工作，九院在青海省偏远的西部地区落成，而那个地方是人迹罕至的荒漠，“在空气稀薄的高原上，人们呼吸困难，走几步就会感到头晕，还会哮喘”，（Lewis and Xue 第143页）条件的艰苦可想而知。而朱光亚则是4个领头的科学家之一，全面负责这个秘密基地的管理工作：

在东北人民大学执教期间（朱光亚许慧君夫妇）
（本图片来自人民出版社）

> 作为研究院院长，朱先生力求理论结合实践的研究路线，并特别关注技术质量控制方面的培训。他给人最深的印象就是严格执行高标准的科学要求，他在全院营造了优良的工作作风，并一直延续到20世纪80年代。（Lewis and Xue 第145页）

1953年斯大林去世，其后几年中苏关系随之恶化。没有了苏方的合作，中国科学家在研究上更需要对细节问题严格把关。苏联专家全部撤走后，中国研究人员不得不从头开始，开启了无比艰难、充满荆棘的研究征程。一次，有人在苏联顾问曾住过的宿舍里发现了遗留下的一些文件碎片，中国专家随即煞费苦心地将这些碎片拼凑起来，并请求朱光亚向院内的同事们解释这个"'一号秘密文件'的含义，并指出研究策略的重要线索"。（Lewis and Xue 第161页）

朱光亚经过多年辛辛苦苦的努力，克服物资匮乏的困难，又经历了错综复杂的政治格局，最终，在1964年，他和同事们在距离实验场地70公里远的观察室内，目睹了中国第一颗原子弹的爆炸。当蘑菇云升起来、冲击波掠过大地的时候，他们禁不住欢呼雀跃起来。长时间艰苦卓绝的付出，瞬间找到了情感的释放，他们喜极而泣。（Lewis and Xue 第188页）原子弹爆炸成功的喜讯第一时间

1966年10月1日，钱学森（左）、邓稼先（中）、朱光亚
在北京天安门城楼上参加国庆观礼
（本图片来自人民出版社）

送到周恩来手里，随后又送到了毛泽东的面前，接着是全中国的人民，最后传遍了世界各地。

1974年5月30日，毛泽东在北京中南海亲切接见朱光亚
（本图片来自人民出版社）

朱光亚批阅核试验科研文件
（本图片来自香港中文大学出版社）

在接下来的几十年里，朱光亚多次被选为中共中央委员，成为中国科学院院士，担任中国工程院第一任院长、国防科工委科学技术委员会主任。1999年，国家授予朱光亚“两弹一星功勋奖章”。

黄家驷：新中国医学之擎天柱

负责指导中国医学教育大纲的心外科医生黄家驷，撰写过两篇针对国际医学界的文章。这两篇文章相隔20多年。第一篇撰写于新中国成立后10年，第二篇完成于毛泽东去世后几年。两篇文章旨在梳理中国医学教育的脉络，而且都将当代外科医生的工作与中国数千年的手术传统联系起来。他在1982年写道：“在中国，长久以来两种医学就共存：中医和现代医学。”而在1959年，黄先生写道：“中国的手术史可以追溯到周朝（公元前1046年—公元前256年），当时已经有外科疾病的描述，且外科手术也成了一种行当。”作为受过西方教育并在中国工作的外科医生，黄家驷成为这一

黄家驷
（本图片来自香港中文大学出版社）

领域的一员，他将中西医结合并将其变成全球性的学科。这充分说明了黄先生的价值观和信念：即使“四旧”已经被“文化大革命”妖魔化了，他也愿意将自己的工作与古代中国传统联系起来。

黄家驷与传统医学的故事始于他哥哥的雄心壮志。作为8个儿子中的老四，他是在母亲和兄长的照顾下长大的。在他5岁的时候，父亲就去世了。黄家驷在念小学的时候就已经展露出了“数学和物理天赋”，但在1924年念高中的时候，他都还没有想好未来要做什么。（Wan and Yim 第1147页）放寒假期间，他去拜访了他在北京的兄长，想就自己的未来发展征求兄长的建议。当他们漫步经过北京协和医院（一所“位于北京市中心的美丽的中国宫殿式医学校园”）时，他哥哥扭头问他：“有没有想过到这儿学习呢？”

“当然。”黄家驷的回答干脆利落。6个月后，他的兄长代他申请了协和医学院。他的兄长说：“你的英文很好，干嘛不准备两年，参加真正的考试呢？”最后，在兄长的引导下，他进入了协和医学院学习，为开启外科医学事业和成为一名顶尖的外科医生打下了基础。（Wan and Yim 第1～2页）这期间，黄家驷又曾考入燕京大学，于1930年获理科学士学位。1932年，日军进逼长城古北口，黄家驷参加协和医疗队，奔赴抗日前线。

1933年，黄家驷从北京协和医学院毕业，并获得医学博士学位，然后到上海医学院做了老师，一直到1939年。日本入侵使他和大学都无法继续教学工作。他们向内地辗转搬迁，首先撤到昆明，然后又搬到重庆。直到1941年，他才彻底远离了战争。他从清华大学获得了庚子赔款奖学金，出国留学。10月中旬，他抵达安娜堡，正好赶上了密歇根大学的秋季入学，便开始了他最后阶段的教育。

在密歇根大学，黄家驷师从约翰·亚历山大（John Alexander）。他的老师曾在美国建立了“首个胸外科手术住院项目”。在亚历山大的影响下，黄先生将研究重点放在肺结核上，“他常活跃于手术室与实验室之间”。（Wan and Yim 第1148页）1943年，当黄家驷获得医学硕士学位后，他拒绝了一家军队医院待遇丰厚的职位，选择返回中国。有意思的是，当他自己感染肺结核时，黄先生的回国计划推迟了。

像王承书和朱光亚一样，黄先生接受的美式教育使得他在国内发展非常顺利，声望迅速提升。20世纪40年代后期，黄先生便成为上海医学院教授，“身兼两家医院首席外科医生”以及中华外科学会会长。1950年，朝鲜战争爆发，黄先生带领一批上海的医务人员在中国东北部的一所军队医院服役。黄家驷和他的同事们完成了一项非凡的工作，在6个月内完成了近千例手术。

当年，由于学术上的成就，他被选为美国胸外科手术委员会的创始成员之一，但“在朝鲜战争期间……这个荣誉被董事会撤回了”。28年后，密歇根大学医学院院长又为黄先生恢复了该项荣誉。（Wan and Yim 第1149页）与此同时，黄先生在1951年全国人民代表大会上报告了他在战争期间的经验，还在正式的晚宴上，坐在毛泽东主席的身边。

随着他的权威和知名度的提高，黄先生承担起发展和重组中国

1951年11月，黄家驷与毛泽东在中南海晚宴上
（本图片来自香港中文大学出版社）

医疗实践的重任。在朝鲜战争之后的10年间，黄先生已经是上海医学院副院长、中山医院院长，还身兼新增的第三个行政职务，即担任“上海胸科医院——一家新成立的胸外科专科中心创始院长”。上海胸科医院迅速成为中国在该领域最大的手术业务医院之一，其中第一台中国造心肺机也在此投入使用。尽管职务缠身，黄先生仍然挤出时间编辑外科方面的教材《外科教程》，这是第一本正规的中文版外科教科书。这本书于1958年在全国发行，并大获成功。不仅如此，这本书在修订之后于1960年和1964年再版发行，（Wan and Yim 第1150页）这巩固了黄家驷在中国外科学领域不可动摇的地位。

1958年是黄先生职业生涯的另一个“里程碑年”，这里还有一个原因：他在这一年被任命为中国医学科学院院长。在这个平台上，他持续创造着医学界的传奇。作为该组织的负责人，他的首要任务是帮助“建立与过去北京协和医学院类似的一流医科大学”。（Wan and Yim第1150页）于是，中国首都医科大学就这样诞生了。当时，中国首都医科大学是全国唯一的8年培训教育计划的学校。一年后，黄先生担任其首任校长。他在这个位置上任职25年之久。

1981年，黄家驷在《美国外科学杂志》上发表文章，介绍了中国医学教育概况和中华人民共和国成立后几十年的医学发展历程。他概述了革命胜利后的几项成功改革，包括医学院校的合并和重新配置。通过改革，黄家驷希望中国的医学资源可以“更加合理地分布在全国各地。经过整合，中国学医者的能力普遍得到加强”。这些改革还包括建立标准和统一的医学教育项目，全国上下想要学医的高中毕业生都要通过统一考试才能进入医学院校。此外，黄先生推出“中西医结合”的理念，让医学院将传统中医学课程纳入教学大纲。（Huang，“医学教育”第661页）黄教授说，这一系列的改革使得受过高等教育的、合格的医生人数大幅增加：“1949年，医学中专的学生总入学人数只有15387人，但是到1980年，这个数字增加了15倍，达到了244695人。”（Huang，“医学教育”第662页）

黄教授说，“文化大革命”使“教育完全瘫痪了四年”。在这几年里，学生们摇身一变，成了红卫兵，肆意地虐待、折磨他们的老师，甚至逼得一些老师不得不选择自杀。这些现象并非少见。“几乎所有的大学再也没有招收新生，而在校的学生则日夜参与到政治运动中了”。（Huang，“医学教育”第663页）

中国首都医科大学的8年制课程曾经是一项严格的教育标准，当时却遭到了炮轰，被批为“过于强调职业精神和专业化，脱离了快速变化的中国面临的实际医疗问题”。（Suttmeier 第184页）愤怒的学生甚至写了一首歌词诋毁这种教育：

> 八年医大，一场浩劫。
> 三年来，无药可收；
> 五年里，无病可治；
> 八年间，脱离工农！
> （Suttmeier 第184页）

虽说好不容易挨过了“文革”最后几年，但类似“知识越多越反动”的思想意识却一直持续到20世纪70年代。这种思想严重妨碍了教育的发展，大学毕业生几乎没有能力承担赋予他们的责任。（Huang，“医学教育”第663页）

尽管他所在的机构遭到批判，他为之奋斗终身的工作被贬得一文不值，但黄家驷却从来没有放弃自己的事业、责任和努力。20世纪70年代末期，他重新修订并发行了新版的讲义《外科教程》。他从洛克菲勒基金会的中国医疗委员会募集资金用于办教育和做研究。到20世纪80年代的时候，他募集的资金已“超过100万美元”。

> 他重新与约翰斯·霍普金斯大学和美国国家卫生研究院建立了定期的学术交流与合作。20年中，中国首都医科大学多次被评为中国最杰出的两大医学院校之一。（Wan and Yim 第1150页）

直到生命的终结，黄家驷一直是一名享有盛誉的人生导师和医学教育专家，是一名致力于服务中国人民的领导者，即便面对巨大的政治动荡，也绝不动摇自己的信仰。

1981年，黄家驷（右三）、吴英恺（右一）与雷曼·布鲁尔三世（Lyman A. BrewerⅢ，右四）夫妇在北京

（本图片来自美国加州大学圣地亚哥分校斯克里普斯海洋研究所）

曾呈奎：海洋植物学之父

在许多方面，曾呈奎的职业生涯都反映了20世纪中叶中国的科学环境。曾呈奎对科学的热情来自他从小就充满好奇心并怀揣政治梦想。当时新中国大力提倡科学，这与曾呈奎对科学的热情不谋而

曾呈奎（1946年）
（本图片来自美国加州大学圣地亚哥分校斯克里普斯海洋研究所）

合。本书中的许多人都在密歇根大学受过教育，他们将自己的知识带回中国，打算开拓一个完整崭新的领域。曾呈奎也一样，打算回国开创一片新天地，并在真菌学和海洋植物学领域开展开创性工作。然而，在“文革”期间，西方教育背景却成为他遭受迫害和折磨的理由和借口。但与医学行业的黄家驷一样，曾先生选择坚定不移地走中西结合的道路，拒绝将两者割裂开来。

曾呈奎出生于推翻清王朝的1911年辛亥革命爆发之前的两年。他成长的政治环境鼓励政治活动，关心穷人的遭遇。在军阀混战的年代，曾先生由于家族财力雄厚而得到庇护免遭灾难，可他依然痛恨军阀欺压百姓，胡作非为。曾先生曾亲眼目睹在华东海岸的一座岛屿城市——厦门生活的农民所遭受的不幸。他视同胞的苦难如同己受。因此，高中时期的曾先生把自己的名字改为“泽农”，其含义为“有益于农民”。（Neushul and Wang 第62 ~ 63页）

大学时期，他因为参加向政府示威的罢工游行而被驱逐出福建基督教大学，该学校曾拒绝向新的国民政府登记。

于是曾先生离开福州，到了厦门大学。正是在这里，他偶然发现了一个能将政治抱负与科学热忱相结合的机会。几门植物学和真菌学课程“启发了曾先生‘兴办海水养殖’的兴趣”。该研究课题也许可以直接缓解沿海农民和渔民的苦难。很快，他成了生物学系的一名助教，系里派他去海岛收集各种藻类样品。在此过程中，曾先生看到沿海村民已经在打捞和培养藻类作为食物或肥料。当地有一种特殊海藻品种，即紫菜，引起了他的注意：“每年，通过使用刮刀和其他简单工具对藻类的劲敌进行多次铲除，从而确保紫菜的自然生长”。（Neushul and Wang 第63页）应该说，曾呈奎关注的东西既具有植物学意义，也具有人类学价值。同时，这个早期研究也为他后来的贡献埋下伏笔。可以说，真菌学的实用性从来没有离开过他的视线。

后来，他把对紫菜的研究兴趣带到了岭南大学研究生院。受洛克菲勒基金会（北京协和医学院的出资人，黄家驷在这所学校学习过）的资助，他发表了第一篇关于紫菜的论文。在这几年的研究过程中，曾先生开始逐渐建立自己的知识体系。“不同于对陆地农业感兴趣的科学家，曾先生没有前人已发表的研究论文作为文献基础”。他沿中国海岸进行了一系列长时间的旅行考察。这些考察之旅经常是独自一人完成，而且条件非常艰苦。其目的是为了建立中国海藻的分类。曾先生说：“在选择海藻种植之前，我必须要做的

事情就是，我应该熟悉所有藻类的名字。”（Neushul and Wang 第64页）

曾先生于1934年获得理学硕士学位，任教几年后决定去美国留学深造。在密歇根大学时，曾呈奎师从威廉·泰勒（William Taylor）。曾先生非常勤奋，工作推进的速度非常快，“在实验室一待十几个小时，这是家常便饭”。在他留学期间，虽在异乡为异客，心却一直紧系国内的局势。他的家人仍然生活在已经被日本军队占领的中国东海岸，十分危险。他托朋友“把他的家人带到安全地带”。与此同时，几个海洋生物站非常欣赏曾呈奎的研究，迫切想要他回国，让他去当主任。（Neushul and Wang 第66页）但是随着珍珠港被袭，美国随后也卷入到战争中，回国便成了一段艰难而漫长的等待。于是，曾呈奎决定留在美国。他获得了密歇根大学的博士后奖学金，以便继续他在西海岸的研究。直到战争结束，曾呈奎才得以回到祖国的怀抱。

曾先生在博士后工作期间，对应用研究产生了浓厚的兴趣。但美国与日本的战争意味着进口红藻衍生物——琼脂的渠道已经关闭。美国农业部和美国鱼类与野生动物管理局曾经接触并帮助曾呈奎通过其他渠道寻找琼脂。曾先生还是把握住了这一机会，尽管这意味着要改变博士后研究的方向。这一改变甚至还引起了曾呈奎和他的导师泰勒教授之间的不愉快。泰勒教授“不理解他的学生为何会对应用研究拥有如此高的热情”。（Neushul and Wang 第67页）秋天，曾呈奎在一封信中为自己的选择做了辩解：

像所有其他科学一样，真菌学的真正价值在于它的文化价值以及它与人类的密切关系。像其他科学一样，它应该尽可能走近普通民众，尤其是在战争时期。（Neushul and Wang 第68页）

曾呈奎一头扎进对海藻的水下研究中。专业潜水员教他如何使用设备。尽管他在第一次潜水时就遭遇了危险，但丝毫没有动摇他的信心。事故的原因是气阀进水："他站在海床上时，由于气阀故障，海水倒灌进了他的潜水服。"（Neushul and Wang 第68～69页）不过，他最终还是很快就学会了潜水，并能在9米深的海水里持续作业。结果这项研究成功了。

曾呈奎发现，美国有大量的红藻可与日本的红藻相媲美。此

加州拉古娜（Laguna）海滩，身着潜水服的曾呈奎

（本图片来自美国加州大学圣地亚哥分校斯克里普斯海洋研究所）

外，“曾呈奎对海藻学的实地研究方法有助于将该学科从单纯的描述性科学转变为实验科学……到战争结束时，曾呈奎不仅是海藻分布的主要权威，同时也是海藻加工的主要权威”。（Neushul and Wang 第69页）

1946年，曾呈奎与马斯顿·沙金特教授在采集海苔标本
（本图片来自美国加州大学圣地亚哥分校
斯克里普斯海洋研究所）

“二战”结束后，曾呈奎回到了中国，接受了山东国立大学植物学系教授兼系主任的职位，并得到该大学“拨款15000美元购买研究设备”的承诺。（Neushel and Wang 第71页）然而，祖国在战争中受到的摧毁是曾呈奎无法想象的。他曾写道：“我从来没有意识到我们遭受了这么大的损失。”作为新的系主任，他必须决定如何让他的系起死回生，恢复到战前的水平。他回忆道，“有多少个星期……我全身心投入组织重建工作中”。（Neushul and Wang 第72页）这意味着从招聘新教师到订购基础设备，再到手工制作椅子等一切事务。当万事俱备，把一切都准备好

恢复到正常的工作秩序的时候，就只欠东风了：内战的结束。在1947年的一封信中，曾呈奎写道："春天正踏着轻快的脚步来临，梨花会在一两个礼拜后开满山坡，一切都会很可爱。我们希望中国的政治和经济形势也一样会有所好转！"（Neushul and Wang 第73页）

1949年中国科学院的迅速创立给曾呈奎留下了"深刻印象"。（Neushel and Wang 第74页）他被邀请参加了组建科学院的会议。不久之后，他所在的山东大学的系被整合到中国科学院海洋生物实验室，成为中科院的一部分。20世纪50年代初，新实验室的研究工作迅猛发展。曾呈奎时刻铭记周总理"学术研究与实际需要密切结合"的指示，他带领海洋生物实验室研究中国海岸线上生长的几种藻类。特别是海带可以作为肥料和食物来源的实用性引起了他的关注。在接下来的6年中，曾呈奎和他的研究团队解决了海洋种植发展道路上的生物学和工程学难题。到20世纪50年代中期，曾呈奎已经准备好将大面积种植海带的经验推广至中国其他地区。

他的研究工作完成之时恰逢中国"大跃进"时期。到1958年，渔业部已经在制定为当地渔民组织培训方案，要把曾呈奎研究出的海带生产技术传授给他们。（Neushul and Wang 第79页）实践证明他们是非常成功的。曾呈奎和他的团队与当地农民团体因地制宜对种植技术进行了改良。最终结果显示：

海带种植是大跃进时期众多饱受批评的政策中少有的成功案例。在如此短时间内，通过应用曾呈奎研究组在海洋研究所积累的科学知识，一个巨大的新兴产业诞生了。海带的年产量增加了155倍，从1949年的40.3吨增加到1958年的6253.23吨。（Neushul and Wang 第79页）

在那个原本饱受饥荒的年代，这些数据意味着保命的粮食。但是到了20世纪60年代后期，“文革”开始了。“霸王一炬，灰飞烟灭”，曾呈奎和他的团队所有的努力瞬间土崩瓦解，资料被毁，教授被批，试验基地全部被荒弃。年轻的红卫兵斗志昂扬，“揭发反党反社会主义的资产阶级反革命学术权威”（Neushel and Wang 第82页）。接下来的混乱给中国科学院带来了毁灭性的灾难。“北京地区170名中科院高级科学家中，131人受到攻击”。曾呈奎和他的海洋研究所也不例外。（Neushul and Wang 第83页）在这场运动中，曾呈奎受过特别审查，因为他曾在美国留学：

红卫兵接手了研究所，把曾呈奎当成“反动派学术权威”关在了实验室里。他们批斗他、不给他饭吃，单独监禁他，还威逼对自己和他人犯下的所谓罪行认罪。曾呈奎回忆说，当他终于从“牛棚”中被释放出来时，已经骨瘦如柴了。（Neushul and Wang 第83页）

当然，也有希望之光存在的时候。一位名叫周显同的红卫兵，曾担任过曾教授的助理，他“冒着生命危险保护曾呈奎的科研论文”。（Neushul and Wang 第84页）这些冒险的行为和举动当然也被曾教授记在心中。3年后，曾教授重返工作岗位，周显同仍然是他的助手。

20世纪60年代末，学术界遭受的冲击开始减弱。到20世纪70年代初期，曾呈奎曾经遭受的指责被降级为“历史遗留问题”。（Neushul and Wang 第84页）于是曾先生和他的团队重回研究机构开始工作。1975年，“乒乓外交”之后，中美两国关系缓和，中国派出了以曾呈奎为副团长的科学家代表团赴美访问。曾呈奎在28年后首次回访美国，会见了时任美国总统福特（President Gerald Ford），恰好总统也是密歇根大学校友。2001年，曾呈奎荣获美国藻类学会颁发的“杰出贡献奖”。

1975年，曾呈奎受到时任美国总统福特的接见

（本图片来自杰拉德.R.福特图书馆与博物馆）

1975年，时任美国总统福特接见中国科技协会代表团

（本图片来自杰拉德.R.福特图书馆与博物馆）

2000年，曾呈奎及夫人（右二）与斯克里普斯（Scripps）海洋研究所的同事们

（本图片来自美国加州大学圣地亚哥分校斯克里普斯海洋研究所）

曾呈奎的人生伴随着中国的政治局势跌宕起伏：从年轻时的学生活跃分子到雄心勃勃的务实科学家；从牛棚里骨瘦如柴的阶下囚到体面的赴外使者。他建立了一个完整的学科和产业，带领这个学科和产业经历了动乱不堪的年代，并如他自己所言，最终使得海洋学达到了一个新高度。（Zeng 第xiii页）

虽然政治气候风云变幻，并以不同的方式影响了本章所描述的密歇根大学的4位毕业生，但是他们都全身心地投入自己国家的建设中去：建立中国的基础医疗与教育设施体系，研究开拓新的生产方式来哺育国民，主导中国进入核时代和取得独立的国际地位。他们都同时赢得了两国人民的共同信任、尊重和爱戴。

参 考 文 献

[1] Horsburgh, Nicola. *China And Global Nuclear Order: From Estrangement to Active Engagement.* First edition. Oxford, United Kingdom: Oxford University Press, 2015.

[2] Huang, Chia Ssu. "Medical education in China". *The American Journal of Surgery*, Volume 143, Issue 6, 1982, pp 660-663. http://www.sciencedirect.com/science/article/pii/0002961082900319.

[3] Huang, Chia-ssu, Chi-mao Meng, Ying-k'ai Wu, Tien-yi Hsu, Hsien-chiu Zeng, Ch'uan-han Feng, Chieh-p'ing Wu, Hung-yin Chu, Ch'uan-yi Feng, and Teh-yen Shang. "Surgery in New China". *Chinese Medical Journal* 79 (1959): 253-83. Web.

[4] Lewis, John Wilson, and Litai Xue. *China Builds the Bomb.* Stanford, Calif.: Stanford University Press, 1988.

[5] Neushul, Peter, and Zuoyue Wang. "Between the Devil and the Deep Sea: C. K. Zeng, Mariculture, and the Politics of Science in Modern China". *Isis*, vol. 91, no. 1, 2000, pp. 59–88. www.jstor.org/stable/237558.

[6] Ni, Ting. *Cultural Journey: Experiences of Chinese Students of the 1930s and the 1940s*, Indiana University, Ann Arbor, 1996. *Dissertations & Theses @ CIC Institutions; ProQuest Dissertations & Theses Global.* http://proxy.lib.umich.edu/login?url=http://search.proquest.com.proxy.lib.umich.edu/docview/304296509?accountid=14667.

[7] Suttmeier, Richard. "The Academy of Medical Sciences". *Medicine and Public Health in the People's Republic of China.* Ed. Joseph Quinn. Geographic Health Studies, 1973. Print.

[8] Wan, Song, and Anthony Yim. "Jiasi Huang: 'A Surgeon and Something More'". *The Annals of Thoracic Surgery*, Volume 82, Issue 3, September 2006, pages 1147-1151. http://www.sciencedirect.com/science/article/pii/S0003497506006059.

[9] Wang, Bing. "Wang Chengshu". *Biographical Dictionary of Chinese Women.* Ed. Lee, Lily Xiao Hong. Armonk, N.Y.: M. E. Sharpe, 1998.

[10] Zeng, Cheng-kui. "Preface." Zhou, Di. *Oceanology of China Seas.* Dordrecht: Kluwer Academic Publishers, 1994.

[11] Zhang, Shu Guang. "Between 'Paper' and 'Real Tigers': Mao's View of Nuclear Weapons". *Cold War Statesmen Confront the Bomb: Nuclear Diplomacy Since 1945*. Ed. John Gaddis, Philip Gordon, Ernest May, and Jonathan Rosenberg. Oxford: Oxford U Press, 1999. N. pag. Print.

[12] "一封公开信与朱光亚归国". *sohu.com.* Feb. 12, 2006. http://news.sohu.com/20060212/n241783744.shtml.

第七章

密歇根大学和中美“乒乓外交”

1950年开始，中美官方关系进入到武装对峙阶段。随着朝鲜战争的爆发，两国更是成为敌对国家。意识形态的纷争造成了双方势不两立，两国都受到了威胁。对于美国来说，冷战意味着对共产主义新生势力的恐惧心理。1949年，中共赢得了国共战争的胜利，苏联也试爆了他们的第一颗原子弹。一时间，“红色恐怖”的阴云笼罩了整个美国。上至国会议员和总统，下至精英阶层和平民，都谈“红”色变。不久之后，极端狂热的参议员约瑟夫·麦卡锡率领国会开始了反共的政治迫害。美国众议院非美活动委员会等国会机构质疑和毫无根据地指责一些美国公民对共产党表示同情。与此同时，刚刚建立的中华人民共和国也对西方资本主义社会采取了类似的态度。

两国分道扬镳。美国拒绝承认中华人民共和国，同时禁止美国公民前往中国，对中国实行贸易禁运。而中国则在世界范围内支持共产主义革命，与古巴、朝鲜和北越建立联系。密歇根大学录取的中国大陆的学生人数急剧下降。1940年左右，在密歇根大学就读的中国学生数量仅次于加拿大。而到了1954年，这个数字已经降了一半。在11年后的1965年，中国甚至都没有被列入外国学生录取登记表。

20世纪70年代末，两国都希望重修旧好。参与不得人心的越战而深陷泥潭的尼克松政府，迫切地想要为美国民众带来一些好消息。而在美、苏、中三国之间的斗争中，美中联盟可以为双方提供各自需要的稳定。

经过数十年的官方敌对，美中两国都需要一个保全面子的理由，好让双方重新建立联系。最不可能的乒乓球成了双方重修旧好的契机。一切顺理成章。同以往一样，密歇根大学成为整个事件的中心。

乒乓球占据舞台中心

1971年，在日本名古屋举行的世界乒乓球锦标赛上，机会终于来了。这个地方对中美双方都不是那么的中立。20年来，中华人民共和国一直保持对美国和日本的沉默。但是经过一番运作，周恩来让日本乒乓球组织给中国乒乓球队发出了参赛邀请。

就乒乓球运动而言，中美两队的水平不可相提并论。美国乒乓球队并非职业球队，是由业余爱好者组成的。在中国，乒乓球普及到大江南北、街头巷尾；而在美国，乒乓球根本没有人气，仅仅是一种地下室的消遣，或酒吧、休闲俱乐部里少数爱好者的运动，即使比赛也很少有人观看，不像橄榄球、棒球或篮球那样能够吸引大量球迷。美国队的年龄和经验差异也很大，从15岁的高中生朱迪·博肯斯基（Judy Bochenski）到在IBM和联合国工作的专业人士都有。（Griffin 第181页）美国乒乓球协会（USTTA）没有经费，无法派团参赛，球员们必须自己掏钱。就连世界锦标赛这样的大赛，朱迪·博肯斯基的父亲也不得不从银行借贷900美元为她买机票。（Griffin 第180～181页）

与此相反，中华人民共和国的官方乒乓球队是由政府培训和资助的一支精心打造的队伍。早在1959年，中国队的容国团就获得了德国世界锦标赛冠军。中国通过这样的比赛向国内外传递了一个非常清晰的信息：新中国是一个能够在国际舞台上竞争的强国。随着中国乒乓球队在国际大赛中不断获奖，运动员也成为家喻户晓的人物和偶像，成为中国欣欣向荣、充满活力的象征。

单从比赛的角度来看，美国在名古屋几乎没有成功的机会：他们在世界的排名仅在第23位。按照美国乒乓球协会副总裁提姆·勃根（Tim Boggan）的说法，“大家也没有抱任何期望”。（Griffin 第181页）开赛之后不久，美国队的球员甚至开始弃权，脱离了赛场，许多球员直接去观光了。（Griffin 第182页）而中国队虽然在“文革”期间参加过多年的体力劳动，可他们仍捧回了男子团体的斯韦思林杯（Swaythling Cup）。

然而，所有这一切却在两次偶然的事件中发生了改变，为中美紧闭的外交大门开启了一条小小的缝隙。这两次事件都围绕着一位年轻的美国人发生的：他叫格伦·考恩（Glenn Cowan），留着一头

1972年4月，中国乒乓球代表团在美国；前排浅色着装的是庄则栋
（本图片来自密歇根大学本特利历史图书馆）

长发，这显然是美国20世纪60年代反文化运动的产物。

与其他美国青年甚至中国青年相比，考恩就像霓虹灯一样突出。他喜欢米克·贾格（Mick Jagger），对抽大麻不以为耻，对乒乓球和表演都有一种天生的兴趣。当时发生的一件小事很快就演变成了国际上公认的一种意外的、漫不经心的外交活动。在一次训练中，考恩朝着一个年轻的中国选手梁戈亮挥手，示意想一起练习。可“梁先生则认为他的邀请几乎就是一种侮辱：美国佬想愚弄他，因为他很年轻。梁戈亮停下训练询问领队应该怎么办。后来梁戈亮还是和考恩对练了几个回合，然后才礼貌离开”。（Griffin 第187页）

这样的邀请方式使考恩引起了中国队员对他的注意，当然，考恩凭着直觉也敏锐地察觉到了这点，因为他“相信中国人一直在观察他”。（Griffin 第188页）几天后，考恩练习后离开了体育馆，匆忙中上了一辆正在等待的班车，以为那只是一辆任何球员都可使用的巴士。可当车门关上后，考恩才意识到自己的错误：他看到的是整车的中国队队员。“所有人都看着他，几分钟之内没有一个人说话，只有大型公共汽车变速箱的马达在轰鸣。现在的考恩在一个街道路牌都不认识的国家里，面对的是一群理论上敌对的国家球队队员。”（Griffin 第188页）几分钟好像过了很久，大家彼此都感到非常尴尬。最终，还是考恩打破了僵局，通过翻译在公共汽车上开始了对话：

> 我知道，对你们来说，我的帽子、头发，甚至连我的衣服看起来都很滑稽。但是有很多人都和我一样啊，包括着装。我们国家也有压迫，也有反抗。不要急，不久，我们会当家作主，因为上面的人越来越失去与民众的接触和了解。（Griffin 第188～189页）

总而言之，考恩的存在和言辞在巴士上引起了轩然大波，因为“北京有令：可以跟美国人礼貌地打招呼，但他们是世界锦标赛中唯一一个中国选手不应该握手的国家。”（Griffin 第189页）当时，中国队的顶尖球员庄则栋就坐在巴士后面，他站起来，向考恩走了过去。他一只手向考恩赠送了一幅黄山风景画，另一只手和考恩握了手。记者和摄像机在下车时早已等待着这支队伍。第二天早上，两名微笑的球员的照片就在许多国际报纸的头版刊登了出来。

有了这样明显友好的交流，第二天，考恩就回赠了礼物：一件印有和平标志和甲壳虫乐队歌曲“Let It Be”的T恤。没想到，几个球员的私下交往却引发了一轮频繁的最高级别的政府幕后外交。重病中的毛泽东已经78岁高龄，立即发出指示，邀请美国队前往中国。该指令迅速传达给日本名古屋的中国代表团团长，后者将其转交给国际乒乓球联合会的美国代表团。美国代表团与美国驻东京大使馆联络，询问是否接受邀请。“尽管去！”回复既快捷又干脆。（Griffin 第197页）

就这样，他们转道直接去了中国。美国队在中国各地巡回进行表演赛，旅游观光，陪同他们的是几十年前就来过中国的第一批美国记者。在中国，他们既感受到敌意也体会到了好客。在一场比赛中，有“欢迎美国队”的标语，也有“打倒美帝和走狗”的标语。（Griffin 第217页）后来，有观众向美国队员扔了石头。同时，他们又受到周恩来总理的亲切会见。那天晚上，周总理和考恩一起聊了一会儿天。

返回香港后，这些美国球员立马变成了新闻人物，被新闻界争相采访。美国乒乓球队对中国的访问也成为媒体最热的话题。根据美国民意调查显示，大多数美国人赞成中国加入联合国，这尚属首次。（Griffin 第227页）

亚历山大·埃克斯坦，密歇根大学和美国“开放”的外交政策

美国队对中华人民共和国的友好访问，是两国开始和解进程必不可少的前奏。尼克松总统公开表示有意访问中国。这个声明促使他的首席外交顾问基辛格（Henry Kissinger）秘密前往北京与周恩来总理会晤，而且连美国国务卿都不知情。这是一次意义非凡的交流，尤其是在两国内部公众意见都没有统一的时候。这次访问的结果很快就彰显出来：对中国的正式制裁得以放宽，包括贸易禁令和旅游限制。1971年的夏天，尼克松在电视上宣布他将在第二年亲自去北京与毛泽东会见。

两国之间20多年的断交终于打破了，冲突也停止了。很快，美国将投票表决是否同意将中华人民共和国取代中国台湾在联合国的席位。唯一需要做的就是邀请中国乒乓球队到美国回访。对于美国乒乓球协会（USTTA）主席格雷厄姆·斯蒂霍芬（Graham Steenhoven）来说，首先，这个邀请既有现实执行上的问题，也有政治外交上的难题。他只能在美国队访问中国的这一周时间发出邀请。因为代表队的访问是在基辛格和尼克松的访问之前，所以他不能指望获得美国政府的官方支持。其次，与中国队不同，斯蒂霍芬和美国乒乓球协会缺乏资金。他们甚至没有为自己的团队去名古屋参加比赛而出资，又如何为整个中国队的美国之行买单呢？况且这些费用还要包括旅行观光、住宿、餐饮等。

这个难题很快引起了一个名叫亚历山大·埃克斯坦（Alexander Eckstein）的人的注意。埃克斯坦出生于南斯拉夫，曾在“二战”期间担任情报官员，之后于1952年在加州大学获得博士学位。在他的职业生涯中，埃克斯坦曾担任过美国国务院顾问，并在几所大学任教，包括哈佛大学。当埃克斯坦听说格雷厄姆·斯蒂霍芬的困境时，他正在密歇根大学任职，教授经济学。他的身份是一名“中国专家”。更巧的是，他当时正好兼任美中关系全国委员会主席。（Eckstein, “Ping-Pong Diplomacy” 第328页）虽然国会议员有时要求全国委员会提交简报或撰写备忘录，但全国委员会却只是一个民间的非政府组织。

密歇根大学经济学教授亚历山大·埃克斯坦，中国政策专家
（本图片来自密歇根大学本特利历史图书馆）

这意味着，如果由埃克斯坦出面邀请承办，则可以帮助格雷厄姆·斯蒂霍芬。于是，埃克斯坦“立即与全国委员会的负责人举行电话会议，他们一致同意共同商讨一种方法来筹集所需的资金，资助中国队的美国之行”。他们赶在美国队结束中国之行之前，就着手开始筹集资金，规划行程，联系愿意接待中国队的城市和大学。

于是，斯蒂霍芬正式提出邀请，并且立即得到了周恩来总理的积极回应：“我相信我们的友谊仅仅是个新的开始，这必将赢得两国绝大多数人的欢迎和支持。”（Eckstein,“Ping-Pong Diplomacy”第328页）

然后则是中方的长期沉默。8个月过去了，中国队计划何时访美、要不要访美，没有了下文。直到1972年1月，尼克松访问的基调已经敲定，周恩来才回复：中国队将在“鲜花盛开时”访问美国。（Eckstein,“Ping-Pong Diplomacy”第329页）两个月后，中国乒乓球协会的一封公开电报宣布，1972年4月10日中国乒乓球队将会访美。

九城之旅始于密歇根州。飞机降落在伊普斯兰迪（Ypsilanti）的机场，这里是格特鲁德·豪（Gertrude Howe）的家乡。格特鲁德在一个世纪前曾帮助康成和石美玉就读密歇根大学，接受医学教育（见第3章）。等待中国人到达的是整个美国队，他们看起来精神焕发，“他们的新制服闪闪发亮，看起来像一艘游轮的船员”。庄则栋一下飞机就与格伦·考恩相互拥抱，热情的记者为他们拍照，大家双臂高举，两手紧握，兴高采烈。“这时音乐风格突变，变成了轻快流畅的流行乐《她将绕山而来》”。（Eckstein,“Ping-Pong Diplomacy”第243页）亚历山大·埃克斯坦和全国委员会成员们做了一个正式的欢迎仪式。埃克斯坦在他的致辞中热情洋溢地说道：

> 欢迎你们！去年你们殷勤好客地款待了美国乒乓球

> 队，同时中美两国关系实现历史性转折之后，你们对各行各业的美国人表现出热情友好，我由衷地感谢你们。希望你们在美国的访问富有成效并且开心愉快，也希望这次旅行是未来你们无数次访问美国的开端。（Eckstein，“Welcome”第1页）

这次访问富有成效并且开心愉快，所有目的都达成了，虽然有点断断续续。就跟美国队访问中国一样，再好的外交计划也会因文化差异和活动安排偶尔出点差错。例如，球队到达的第一天晚上，底特律市长只是“在一楼门口”等候迎接，而不是主动走到街道上去迎接他们。（Eckstein，“Ping-Pong Diplomacy”第331页）这种情况的发生纯属意外。此外，中国代表团也面临了一些蓄意的抵制。在一场表演赛中，一群右翼示威者向观众投放载有死鼠的纸降落伞，其中一人穿着一件标有“基辛格”图像的红色外套，其他人则贴上了“释放我们的战俘”（Griffin 第245页）和“保住你的乒乓球员”等标语。（Eckstein，“Ping-Pong Diplomacy”第333页）

尽管有诸如此类的波折，但更多的还是许多温暖的时刻。亚历山大的妻子露丝·埃克斯坦（Ruth Eckstein）回忆说：“该代表团对安娜堡的访问非常暖心。当载满中国球员的汽车穿过校园时，学生们认出了他们，大声地向他们挥手欢呼。”在校园草坪上，中国球员与美国学生们一起玩飞盘游戏。因为很激动，他们把飞盘作为礼物送给中国选手。这位选手也不得不表示回敬，可他手里什么都没有，只好把手中仅有的密歇根大学食堂里拿出来的橙子回赠给对方。“大客车离开后，这位密歇根大学的本科生还捧着手中的橙子，感觉捧的是黄金钻石一般。”（Eckstein, “Ping-Pong Diplomacy” 第334页）

至于乒乓球比赛，长期以来，周恩来总理主张的乒乓外交的宗旨就是“友谊第一，比赛第二”。庄则栋也在访问过程中身体力行执行这一方针。这也是一件好事。尽管穿着光鲜亮丽的新制服，打得也顽强，但美国队毕竟技不如人，被甩得很远。密歇根大学的学生报纸《密歇根大学日报》还是戳穿了这层“窗户纸”，写道：“亲爱的客人故意让了实力较弱的美国主人，以便让这场活动有比赛的味道。”

在剩下的旅程中，中国队来到了弗吉尼亚州的威廉斯堡殖民时期古迹区，这是美国早期的娱乐活动场所；来到了华盛顿特区，在这里尼克松总统回应了周恩来总理的希望，即体育比赛能够巩固两国之间的友谊；横穿大陆来到了加利福尼亚州和迪斯尼乐园：在那里，“他们接受米老鼠、唐老鸭、布鲁托狗和六重奏乐队的迎接”，还有让人头晕目眩的巨型旋转茶杯……“世事变幻如此之快，真让人匪夷所思”。（Griffin 第253页）

访问接近尾声，两国之间的壁垒似乎已经不复存在了。尼克松成为第一位在任期间访华的美国总统。美国也没有阻止联合国对中国安理会常任理事国的任命。1979年，在卡特总统的监督下，美国和中华人民共和国正式恢复外交关系。随着中国乒乓球队的美国之旅将近尾声，球员们分手的时候到了。“真诚的泪水在双方运动员的眼里打转……那并非不可磨灭的友谊之泪，而是见证了具有重大历史意义时刻的激动之泪。”（Griffin 第255页）一粒小石头可以掀起一场雪崩。一次微不足道的乒乓球外交竟然动摇了几十年来的地缘政治格局，改变了冷战对峙的局面，就连中国空前的改革开放，可能也有一小部分归功于此。

亚历山大·埃克斯坦（Alexander Eckstein）通过精心组织，漂亮地回应了中国的“乒乓外交”策略。此后密歇根大学又开始积极加强与中国的联系，其与中国源远流长的交往历史，重新找到了喷涌的出口。1973年，埃克斯坦的同事、中国哲学教授孟旦（Donald Munro）率领美国最早的一批教育工作者代表团访问了中华人民共和国。到了1979—1980年间，虽然中国在密歇根大学的留学生人数还没有恢复到战前的水平，但至少中国已经出现在密歇根大学招生办公室的“年度注册报告”上了。这为21世纪美国大学与中国之间密不可分的伙伴关系打下了坚实的基础。

1973年美国教育工作者代表团访华期间
拍摄的一名中国学生
（本图片由唐纳德·J·蒙罗提供）

再度联接 —— 中美“乒乓外交”45周年纪念

2017年，作为密歇根大学中国教授协会主席，陈育庆教授与宋庆龄基金会基金部唐九红部长策划了中美乒乓外交45周年纪念活动。这一策划得到了密歇根大学、宋庆龄基金会和中国驻芝加哥总领事馆的立即响应和大力支持。

2017年9月，秋高气爽，丹桂飘香。一系列纪念中美乒乓外交45周年的活动在美国拉开序幕，并持续了好几天。18日，中国政协副主席、中国宋庆龄基金会主席王家瑞率领中国乒乓名将访美代表团来到密歇根大学。跟当年一样，中国乒乓球代表团再次受到了密歇根大学的热烈欢迎。密歇根大学福特总统图书馆馆长向中国乒乓球代表团展示了馆内珍藏的珍贵资料。对于乒乓外交亲历者、前世界冠军梁戈亮而言，45年前的场景仍历历在目。

当晚，中国代表团与美国各界代表以及密歇根大学的师生共同欣赏了中美“新丝路探索者”乐队“琴弦和鸣”主题音乐会。接下来的一场“45周年重逢”的友谊赛将晚会推向高潮：中国乒坛宿将梁戈亮、郑怀颖与1971年首次受邀访华的美国乒乓球女子单打冠军康妮·斯威里斯（Connie Sweeris）和她的丈夫戴尔·斯威里斯（Dell Sweeris）举行了一场表演赛。由梁戈亮与康妮·斯威里斯对抗郑怀颖与戴尔·斯威里斯。接着，世界冠军乔红、闫森、王皓、丁宁等也陆续上场，与密歇根大学的青年学生友情切磋，现场欢声笑语，掌声不断。当王皓和丁宁这两位年轻的乒乓球世界冠军出场的时候，现场一片欢呼声和尖叫声。当他们把亲笔签名的乒乓球作为纪念品，抛给台下观众时，现场的热烈氛围被推向了新的高潮。

王家瑞引用了当年尼克松总统欢迎中国乒乓球队说的话，“乒乓球比赛会有输赢，但最大赢家是中美两国人民的友谊。”这句经典的语句再次赢得在场中美各界人士的热烈掌声。

白莉娟（Jan Berris）是美中关系全国委员会副会长。自1971年起，她就在这个组织工作。她还曾任基辛格博士的顾问和助手，在帮助重启美中关系中发挥了直接的作用。她情不自禁地说：“这次45周年纪念活动非常鼓舞人心，相信这是一个美好的开始，美中关系会有更美好的明天。”

如王家瑞所说，“正如乒乓球技术不断提高一样，相信中美双方也将更有智慧地进一步推动两国关系健康稳定向前发展。”中国驻芝加哥总领事洪磊说：“中美友好要一代一代传承下去。老一代的乒乓球选手，不仅在体坛为中国人争得了荣誉，而且在外交史上也立了一大功。新的时代背景之下，青年人也应该发挥作用，接上接力棒，跑好这一棒，还要一棒一棒地跑下去，让中美友谊绵延不绝。”

一件看似阴差阳错的“搭错车”事件，在两国极富历史远见和胸襟的领导人的推动之下，促使中美关系实现了正常化。“小球转动大球”因此而成为20世纪东西方外交史上最为经典的一章。在这一过程中，密歇根大学深度参与、推动和见证了两国关系的不断推进。如今，密歇根大学有3000余名中国留学生在读。同时，中国也是密歇根大学学子海外深造最受欢迎的目的地之一。

参 考 文 献

[1] Eckstein, Alexander. “Welcome to the Chinese Table Tennis Team.” 12 April 1972, Ypsilanti, MI.

[2] Eckstein, Ruth. “Ping Pong Diplomacy: A View from behind the Scenes.” *Journal of American-East Asian Relations* 2.3 (1993): 327-42. Web.

[3] Griffin, Nicholas. *Ping-pong Diplomacy: Ivor Montagu and the Astonishing Story behind the Game that Changed the World.* London: Simon & Schuster, 2014.

[4] *Report of the Registrar of the University*. Rep. Ann Arbor: U of Michigan, 1940. Print.

[5] *Report of the Registrar of the University*. Rep. Ann Arbor: U of Michigan, 1955. Print.

[6] *Report of the Office of the Registrar*. Rep. Ann Arbor: U of Michigan, 1966. Print.

[7] *Report of the Office of the University Registrar*. Rep. Ann Arbor: U of Michigan, 1980. Print.

[8] 中国青年网，2017年9月20日。

第八章

密歇根大学与中国

截至2016年冬季学期，密歇根大学国际学生中有40%来自中国，是排名第二的国家入学人数的4倍。显然，形成于19世纪末、在20世纪70年代又重新开始的伙伴关系，在21世纪得到了空前的发展。前几章中介绍的密歇根大学那些个人所做的努力还在薪火相传。他们所做的工作跨越了种族和文化的隔阂和差异，包括为那些话语权不足的人群努力争取权利和自主、建立新的机构、启动整个学科建设等。这些工作今天仍然在密歇根大学延续着，并且不断地得到发扬光大。

蓬勃发展的教育

一个多世纪前，詹姆斯·安杰尔辞去了校长职务，奔赴中国出任美国大使。一个世纪之后，另一位密歇根大学校长率团访问中国。2005年，时任密歇根大学校长玛丽·苏·科尔曼（Mary Sue Coleman）对北京、上海和中国香港做了一周的访问，以加强与中国的合作关系。正如科尔曼所说："学术没有国界……从本质上说，大

学就应该是全球化与合作的先锋。”（Coleman）

与此同时，中国对高等教育的需求急剧上升。正如20世纪初期中国创立了最有名望的学术机构，21世纪我们则希望好好利用这些精神遗产，使之继续发扬光大。2005年科尔曼访华时，中国高校招收的学生人数已超过1500万。而在10年前，这个数字只有300万，（Li and Yang 第16页）再往前推15年，这个数字只有20万～30万。正是科尔曼和她所访问的中国相关机构抓住了这个历史机遇，创造了密歇根大学与中国之间新一轮合作的高潮。

在众多合作项目中，其中一项正是应中国教育部和国家教育行政学院的要求进行的。他们与密歇根大学合作组建了“密歇根大学与中国大学领导论坛”。论坛于2006年在安娜堡召开。论坛由密歇根大学几位教职员工协调领导，由该大学的教与学研究中心（CRLT）主办。论坛为与会者提供了分享教学和行政策略的机会，并讨论了“中国教育部认为有益于中国教育改革的几个重大主题”。中国最优秀的学术机构中最高级别的代表出席了论坛。一年之后，密歇根大学教与学研究中心成员进行的一项研究表明，该论坛促成了“一份非常丰富而且多样化的倡议列表”。第一届论坛的主题是强调“提高学生实践”。经过十多年的爆发性增长，接受采访的大学领导们表示希望推行“学生服务和学生学习并行的教育模式，在教学过程中尽量采取新的素质教育标准”。

第一届密歇根大学与中国大学领导论坛举办得十分成功，于是双方决定每两年举办一次。美国第一个教学中心——密歇根大学的

2006年，密歇根—中国大学领导论坛。前排从左至右：时任密歇根大学教务长爱德华·葛兰木里奇，时任吉林大学校长、后任北大校长周其凤，时任密歇根大学校长玛丽·苏·科尔曼，时任中国教育部副部长吴启迪

（本图片由朱尔平提供）

教与学研究中心（CRLT）——成为了国际样板：由CRLT发起“旨在对中国10所研究型大学的领导进行的为期8天的师资队伍建设的论坛”收获颇丰，“中国教育部由此创建了30个新的示范教学中心”。在中国努力推行长达10年的高等教育改革过程中，密歇根大学一直是热心的合作伙伴，不断与中国学术界的领导人交流思想和业务。

大约在20年前，作为“简单的研究合作”的第二次大型合作关系就开始了（Redden）。密歇根大学工程学院倪军教授筹备着与他母校上海交通大学的研究合作。他在2014年的一次采访中表示，“我想在两所大学间或许可以开展一些合作来帮助他们开发课程”。于是，他的个人合作很快就演变为机构间的交流。在玛丽·苏·科尔曼访问一年后的2006年，也就是密歇根大学与中国大学领导论坛创办的那一年，倪教授的研究合作发展成为UM-SJTU（密歇根大学—上海交通大学）联合研究所。该研究所“由两边研究所的高层领导组成的董事会指导”，提供各种工程学位，“课程在密歇根大学课程的基础上加以调整”（Redden）。联合研究所将国际教育带到中国，提供英语课程、双学位课程和留学经验等。

联合研究所初创即见成效，获得数个国家示范教育奖和卓越改革奖。2014年，联合研究所“是第一家赢得安德鲁·希尔塞尔（Andrew Heiskell）国际教育奖的中国机构”。此外，“自2010年迎

2005年，密歇根大学与上海交通大学双方领导签署联合学院战略合作协议

（本图片由倪军提供）

来第一届联合培养的毕业生以来，超过80%的毕业生继续攻读研究生学位”（联合研究所）。密歇根大学十分乐意地接受了很多这类毕业生，他们追随着吴大猷、何怡贞、朱光亚等学者的脚步，因为这些人早年都在密歇根大学攻读硕士、博士学位。

大学之间的联合研究所合作模式已被密歇根大学内部多所学院采用。密歇根大学文学、科学和艺术学院的社会科学部门与复旦大学建立了合作关系，在复旦建立了性别研究联合研究所，并通过密歇根大学中国研究中心资助了合作研究，提供两年共计20000美元（每年10000美元）的拨款，以鼓励两所大学的学者提出联合研究项目。研究所主办了多次国际会议，翻译性别研究出版物，并开办了几个博士学位证书课程和博士论文研讨会。

2010年，密歇根大学医学院与北京大学医学部建立了更为实质性的合作伙伴关系。每个机构承诺投入资金700万美元。他们共同致力于使“科学家将基础研究更快、更有效地转化为医疗实践”，最终改善美国和中国的患者健康状况（“About US”, Joint Institute）。而在过去11年中，密歇根大学医学院和北京大学医学部组建的转化和临床研究联合研究所已经取得了长足的进步。自2010年起，“联合研究所投资了45个联合研究项目，涉及美国和中国10万多名患者”（“2016年5月”）。2015年，两家机构又都重新承诺各自追加700万美元的投入。所有迹象表明，联合研究所将长期开展合作。过去9年，该研究所积极应对共同领导带来的挑战，跨越文化、语言和距离障碍，开展研究、组织研讨会和安排出版事宜，两个大型机构充

2016年秋，临床与转化医学联合研究所第六届年会

（本图片由黄岩提供）

分调度起来，高效率运转，并取得了一系列有目共睹的成就。这些经验已经成为中美医学合作促进人类医学发展的典范。

密歇根大学的文化交流

自创立以来，密歇根大学一直都非常重视跨文化教育，无论是1917年莱维·巴布设立奖学金，还是20世纪70年代唐纳德·蒙罗率领教育代表团到中国进行访问。2017年是巴布奖学金设立100周年，但是它不是密歇根大学唯一的文化交流。今天，该大学已经开辟了许多文化交流的途径。

密歇根大学的许多学院为美国和中国学生开发了独特的留学课程。例如，杰拉尔德·福特公共政策学院开设了一个关于美中政策的课程，该课程以在中国一些大城市进行两周的旅行考察作为结业。旅行组织者林安之（Ann Chil Lin）希望通过安排这种“顿悟式”的旅行“颠覆（学生）对中国先入为主的印象”。该计划最终目的是“促使学生在职业生涯中返回中国”。每年秋天，福特学院邀请“中国人民大学两位教授来密歇根大学讲授中国经济和外交政策课程”，以此来回应中美交流（“Renewing”）。

在工程学院也有类似的交流。核工程与放射科学系（NERS）的教授王鲁闵也开始组织密歇根大学学生去中国旅行。王鲁闵在2016年的采访中说：“在美国的我们这整代人，都没有建立反应堆的经历，不仅核工程的学生，甚至许多教师也没有见过反应堆的建设过程。而中国正在建设的反应堆有20多个。”对于王教授和工程学院，这显然是一个非常好的教学机会。他们还与厦门大学合作，在厦门大学开设了为期6周的中国文化及清洁能源暑期课程。根据学员的意愿，还可以参加在上海核能研究设计院进行的后续实习。与福特学院一样，核工程与放射科学系提供互惠交流。“清洁能源暑期课程在厦门大学结束后不久，王教授和弗莱明教授就组织安排24名厦门大学的本科生在安娜堡进行了为期两周的综合学习考察”，内容包括在密歇根大学参加多场讲座、到底特律进行实地考察和乘坐巴士游览美国东海岸（Roth）。

这种海外游学交流固然重要，但它仅仅是中国与密歇根大学多方位合作的冰山一角。例如，密歇根大学孔子学院（CIUM）是传递中国文化与艺术的坚实堡垒，是前校长玛丽·苏·科尔曼“中国倡议”（“About CIUM”）的组成部分。密歇根大学孔子学院于2009年建立，它仅仅是分散在全球的数百所孔子学院之一，由中国教育部附属机构中国国家对外汉语教学办公室（简称汉办）提供资助。

> 有别于其他孔子学院，密歇根大学孔子学院专注于推广中国的传统及现代艺术、文化，为密歇根大学前校长科尔曼提出的中国倡议形成了强有力的文艺领域支撑，同时有利于推进密歇根大学的全球项目和整体规划。前高级副教务长莱斯特·莫茨表示："密歇根大学孔子学院在同行中独树一帜，为大学社区乃至更多的人提供优秀资源。"（"Background"）

在詹姆斯·哈洛维（James Holloway）、林萃青、莱斯特·莫茨（Lester Monts）和严慈庆的共同领导下，密歇根大学孔子学院已经兑现了承诺，为密歇根大学学生举办了各种文化研习班，包括书

2017年，密歇根大学孔子学院组织的宋代编钟音乐会

（本图片由李志英提供）

2013年，密歇根大学孔子学院组织的时装秀
（本图片由李志英提供）

法和中国烹饪。孔子学院还在安娜堡当地剧院举办中国电影放映、组织讲座和座谈会，并在密歇根大学校园内赞助音乐和戏剧表演。密歇根大学孔子学院运行两个项目，即密歇根大学学生汉语课程和中国教师访问学者项目。此外，还有更多的项目正在规划中，包括一个关于京剧和中国戏剧的新生研讨会，以及囊括北美所有中国美术馆的在线档案。

密歇根大学孔子学院的学术伙伴是李侃如—罗睿弛中国研究中心。研究中心历史悠久，以捐赠者罗睿弛（Richard Rogel）的名字命名，因其远见卓识促进了密歇根大学的发展，包括与中国建立了密切的联系。研究中心的另一半名字取自李侃如（Kenneth Lieberthal），他是密歇根大学的荣誉教授和全美著名的中国政策研究专家之一。虽然早在20世纪30年代伴随东方文明的研究项目，密歇根大学就正式开始了中国研究，但“中国研究中心”却是在几十年过后的1961年才成立的。

> 研究中心迅速成为一个温暖的社区，成员相互间既是专业上的同事，也是社交中的朋友。学科间相互交流合作。中心早期在亚历山大·埃克斯坦的领导下长期开设一门名为“共产主义之下的中国变革”的课程，由经济学家亚历山大·埃克斯坦、政治学家艾伦·怀廷（Alan Whiting）、迈克尔·奥克森伯格（Michael Oksenberg）和哲学家唐纳德·蒙罗共同讲授。本着同样的精神，现代中国文学教授易子富开设了“中国艺术与文学”课程，由他和理查德·爱德华兹（Richard Edwards，中国艺术史）及唐纳德·蒙罗（中国哲学）共同讲授。

同20世纪60年代一样，“中国研究中心仍然是了解中国的智力中枢”。中心为密歇根大学在校生提供课程、跨学科硕士学位和博士后研究基金；为教师们提供从旅游和研究资助到支持外展和课程开发的一切；对于更大的社区，“许多客座教授从事公共服务，作为密歇根州、美国国务院、世界银行，甚至白宫的顾问”，将亚历山大·埃克斯坦的知识和外交遗产薪火相传（“About US”, Lieberthal-Roger Center）。中国研究中心与日本研究中心以及韩国研究中心一道隶属于密歇根大学东亚国家资源中心。被授权为国家资源中心是一种美誉，是美国政府给予极少数几所大学的首肯。

密歇根大学历史学教授、中国研究中心创建者阿尔伯特·弗尔维克（Albert Feuerwerker）与中国社会学家、人类学家和社会活动家费孝通
（本图片由密歇根大学中国研究中心提供）

总而言之，交流合作项目、孔子学院和中国研究中心这些都彰显出自19世纪以来密歇根大学所做的拓展。曾经，密歇根大学通过传教士和自然主义者与中国开始试探性地交往。如今，我们与中国合作的项目在密歇根大学落地生根，已成为密歇根大学密不可分的有机组成部分。

开创美好的未来

如今密歇根大学与中国的全面合作已进入了快车道。几乎每年都有新的联合研究所创立，研究伙伴关系和交换学生更如雨后春笋，不胜枚举。

例如，密歇根大学自然资源与环境学院联合清华大学环境学院开展了本硕直通项目，项目采取“3+1+1”的培养模式，学生可以获得清华大学的本科学位和密歇根大学的硕士学位。公共卫生学院最近与四川大学华西医院签署了谅解备忘录。和上海交通大学联合研究所的成立一样，这些机构伙伴关系都源于个人合作者的倡议。密歇根大学毕业生李毅博士一直尽力促成建立华西生物统计与成本效益研究中心，终于达成了谅解备忘录：“通过学术交流、教师培训、研究合作和大数据分析逐步过渡到正式形成研究机构之间的合作，最终建立联合机构。”（“Cooperation”）

密歇根大学医学院是最近其他两个合作伙伴关系的中心。其中一个联合计划邀请北京大学医学部的医学博士生在获得学位以前到密歇根大学医学院进行为期5年的博士研究学习。新加入此项目的一名学生王慧仑说：“5年时间不算短，但是为了研究博士这个项目，我愿意来这里。因为它能帮助我更广泛地探索医学，寻找新药或新的治疗方法。仅仅在医学博士训练中是没有这些的。”这一项目的资助来自罗睿弛捐赠的奖学金，并接受约瑟夫·科拉斯（Joseph C. Kolars）、陈育庆和黄岩等教授的集体领导。联合计划已经成功运作了5年，帮助北京大学医学部培养越来越多的医学科学家（“Joint”）。

另一个类似的联合计划则在陈育庆教授的带领下，刚刚培养出第一批5名学生。作为“湘雅医学院2014年与密歇根大学形成合作关系的一部分”，联合计划的主要内容是筛选中南大学湘雅医学院博士研究生赴美国密歇根大学完成为期两年的研究项目。李佩是

捐赠者罗睿弛（Rich Rogel，右一）和密歇根大学医学院与北大医学部联合研究所博士奖学金获得者。右四为北大医学部副主任王维民

（本图片由梁文英提供）

一名已经有项目成果发表的交换生，她这样解释交流学习的意义：“在中国，绝大多数医学院校毕业生通常有两个选择，一是当大学教授，二是成为执业医生。”她接着说，“毕业以后，我有了新的打算，我要申请博士项目，继续做研究。”（“Medical School”）

中南大学湘雅医学院—密歇根大学双学位项目学生。前排左三为陈育庆教授，左四为约瑟夫·科拉斯（Joseph Kolars）教授

（本图片由克莱格·麦酷提供）

今天，密歇根大学与中国的合作伙伴关系甚至超越了学术界。“2017年1月19日，密歇根大学科研副校长胡仕新与中国的网络约车公司——滴滴出行——签署了一项为共享出行经济设立奖学金和推动创新的协议”。来自密歇根大学的土木与环境工程系的一些研究人员将加入这个近100万美元的合作，该“联合研究计划”将重点关注“运输优化、大数据、人工语言学习和人工智能开发”等项目，以期“更好地了解交通行为规范，减少全球交通基础设施的拥堵，并为流动性提供更好的解决方案”（CEE Faculty）。

与北京协同创新研究院（以下简称研究院）的新伙伴关系将进一步挖掘密歇根大学研究人员的潜力。研究院是由中国14所顶尖大学创建的“协同创新体系”，为研究人员将项目推向市场提供技术和资金支持（“BICI Fact Sheet”）。密歇根大学科研副校长胡仕新促成了双方的携手合作，目前合作伙伴关系正在奚传武博士和董铁菲博士的指导下进行。研究院“同意在广泛的研究和翻译领域资助密歇根大学的研究，涉及工程、健康、科学和环境技术等学科”（“UM-BICI”）。事实上，研究院已经迈出了这一步。早在2016年的第一轮资金中，研究院就已经资助了化学、生物医学工程和应用物理3个项目。

在过去的一个半世纪里，中国从推翻帝制到军阀混战，到中华人民共和国成立，直至20世纪70年代中美邦交正常化，伴随着中国的每一步发展与转型，密歇根大学始终大力推动中美教育和文化交流。双方充满智慧和远见卓识的领导者们和无以计数的专家学者们

密歇根大学领导与北京协同创新研究院领导
（本图片由奚传武提供）

都为这种合作关系奠定了基础，为后人设定了极高的标准。密歇根大学励精图治，没有辜负像丁懋英、吴经熊、朱光亚、黄家驷、吴大猷这样卓越的科学家们的期望。在过去的一个多世纪中，密歇根大学始终向中国最好的大学、研究所、研究人员和学生们敞开着大门，就像欢迎老朋友一样。

密歇根大学向大家张开双臂：热烈欢迎！

相信美好的未来永远在前面迎接我们，前途一定会灿烂辉煌！

参 考 文 献

[1] “About CIUM.” *About Us*. Confucius Institute at the University of Michigan, n.d. Web. http://www.confucius.umich.edu/about-us/.

[2] “About Us.” *Joint Institute for Translational and Clinical Research*. University of Michigan Health System and Peking University Health Science Center, n.d. Web. http://www.puuma.org/about-us.

[3] “About Us.” Lieberthal-Rogel Center for Chinese Studies, n.d. Web. https://www.ii.umich.edu/lrccs/about-us.html.

[4] “Background.” *About Us*. Confucius Institute at the University of Michigan, n.d. Web. http://www.confucius.umich.edu/about-us/background/.

[5] “BICI Fact Sheet.” Beijing Institute of Collaborative Innovation, n.d. Web. “U-M-BICI Partnership Program.” International Partnerships. Research at University of Michigan, n.d. Web.

[6] “CEE Faculty Partner with DiDi Chuxing for Transportation Research.” Civil and Environmental Engineering, 26 Jan. 2017. Web. http://www.cee.umich.edu/cee-faculty-partner-didi-chuxing-transportation-research.

[7] Coleman, William. “Key Initiatives: International Education.” *The University Record*. The University of Michigan, 10 Mar. 2014. Web. 28 Mar. 2017.

[8] Cook, Constance, and Erping Zhu. “2006 Michigan-China University Leadership Forum: Evaluation One Year Later.” N.p., May 2007. Web. http://www.moe.gov.

cn/publicfiles/business/htmlfiles/moe/s2994/201001/75811.html.

[9] *Cooperation between UM-SPH and WCSM/WCH*. Ann Arbor: School of Public Health, University of Michigan, n.d. Web.

[10] *CRLT's Work with the Chinese Ministry of Education (MOE) and Chinese Universities*. Ann Arbor: Center for Research on Learning and Teaching, n.d. Web.

[11] "Joint Institute." Shanghai Jiao Tong University, n.d. Web. 28 Mar. 2017. http://en.sjtu.edu.cn/admission/joint-institute.

[12] "Joint PhD Program for Chinese Students Growing ." *Global Reach*. University of Michigan Medical School, n.d. Web. http://globalreach.med.umich.edu/articles/joint-phd-program-chinese-students-growing.

[13] Li, Mei, and Yang Rui. "Governance Reforms in Higher Education: A Study of China." *International Institute for Education Planning* (2014): n. pag. Web.

[14] "May 2016." *News and Events*. Joint Institute for Translational and Clinical Research, n.d. Web. http://www.puuma.org/ji-news-events.

[15] "Medical School Helping to Train China's Next Generation of Physician-scientists." *Featured News*. University of Michigan Medical School, 13 June 2016. Web. https://medicine.umich.edu/medschool/news/medical-school-helping-train-china%E2%80%99s-next-generation-physician-scientists.

[16] Redden, Elizabeth. "A Look at U. of Michigan's Partnership with Shanghai Jiao Tong U." *A look at U. of Michigan's Partnership with Shanghai Jiao Tong U.* Inside Higher Ed, March 2014. Web. 28 Mar. 2017. https://www.insidehighered.com/news/2014/03/12/look-u-michigans-partnership-shanghai-jiao-tong-u.

[17] "Renewing and Strengthening the Ford School's Long-term Ties to China." *News*. Gerald R. Ford School of Public Policy, 3 Dec. 2015. Web. http://fordschool.umich.edu/news/2015/renewing-and-strengthening-long-term-ties-china.

[18] Roth, Kim. "Chinese Culture and Clean Energy Summer School: Student Exchanges Cross Borders and Expand Horizons." *News*. Michigan Engineering, 5 Oct. 2015. Web. http://www.engin.umich.edu/college/about/news/stories/2016/october/coe-and-ners-students-visit-and-collaborate-in-china.

[19] "U-M-BICI Partnership Program." *International Partnerships*. Research at University of Michigan, n.d. Web. http://research.umich.edu/research-u-m/international-partnerships/u-m-bici-partnership-program.

Links and Resources 网络资源链接

[1] Center for Chinese Studies at the University of Michigan.
https://www.ii.umich.edu/lrccs/about-us.html.

[2] Center for Research on Learning and Teaching - Leadership Forum.
http://umich.edu/~crlteach/seminar/index.html.

[3] Confucius Institute at the University of Michigan.
http://www.confucius.umich.edu.

[4] Department of Nuclear Engineering and Radiological Sciences - Student Exchange.
http://www.engin.umich.edu/college/about/news/stories/2016/october/coe-and-ners-students-visit-and-collaborate-in-china.

[5] Gerald R. Ford School of Public Policy.
http://fordschool.umich.edu/news/2015/renewing-and-strengthening-long-term-ties-china.

[6] Joint Institute for Translational and Clinical Research.
www.puuma.org.

[7] Shanghai Jiao Tong University - Joint Institute.
http://en.sjtu.edu.cn/admission/joint-institute.

[8] University of Michigan - Beijing Institute for Collaborative Innovation.
http://research.umich.edu/research-u-m/international-partnerships/u-m-bici-partnership-program.

[9] University of Michigan issue of *Chinese Chemical Letters*.
http://www.sciencedirect.com/science/journal/10018417/26/4.